주린이를 위한 한국/미국 주식
매수의 정석

Notice

이 책은 '매수의 정석' 온라인 강의의 보조교재입니다.
이론 및 주식 투자 방법은 온라인 강의를 통해서 수강하셔야 합니다!

주린이를 위한
한국/미국 주식

매수의 정석

How to 고기 잡는 법

장영한, 김성재, 장호철 지음

온라인 강의
차트북

35.2489

0.5

1.345

▲ 23.5670   ▼ 87.9898

한국경제신문 *i*

2007년도에 패턴매매기법을 정착해 책과 방송, 그리고 '패턴
매매기법'이라는 온라인 강의를 선보인 지 15년이 지났습니다.

1990년도부터 미국에서 원서를 주문해 맨땅에 헤딩하듯 가르
쳐 주는 사람 하나 없는 상황에서 공부했습니다. 몰래(?)바이트
(과외)를 해서 모았던 피 같은 돈을 시장에 기부하면서 얻은 경
험과 고통 등을 감내하면서 이 길을 걸어왔습니다. 그냥 어두
운 터널을 지나가는 막막함이 아니라 안개 자욱한 어두운 터널
이었습니다.

2007년 당시에 방송에서 했던 말이 생각납니다.

제 몸에 맞는 이 매매방법은 지나온 세월처럼 앞으로 10년, 20
년 그 이상의 시간이 지난 뒤에도 계속 사용할 보편적이며, 제가
발견해낸 시장의 원칙이라고 했습니다.

지금은 22세 큰아들 호철이를 2년 전부터 같은 방법인 패턴매
매를 가르쳐 한국 주식은 물론, 미국 주식과 원자재 선물을 매매
하고 있습니다. 또한 호철이는 데이터 통계학과에 복학해서 저

한테 배운 패턴매매로 퀀트 시스템을 개발하며, 이 분야의 최고 수로 성장시키고자 함께 시장을 보며 노력 중입니다.

그때나 지금이나 주식을 하려고 시장에 유입되는 많은 분들이 있고, 또 그때나 지금이나 건국 이래 최고의 지수를 갱신하고 있지만, 대부분의 개미 투자자들은 손실을 면치 못하고 있습니다.

욕심만으로는 아무것도 할 수 없다는 것을 그 당시에도 방송과 책을 통해서 부르짖었지만, 여전히 세상은 비슷하게 흘러가고 있습니다. 다행히 그 부르짖음에 귀를 열어 주시고 노력하신 제 팬들은 아직도 많은 고마움을 간간이 저에게 표시해주셔서 오히려 제가 더 고맙게 생각하고 있습니다.

지금도 제 생각은 변함이 없습니다.

제 매매방법과 저의 표현이 결코 시장의 주류가 되지는 않겠지만, '잃지 않고 먼저 계좌를 지켜야 한다'는 저의 철학은, 그리고 그것을 구체화 시키는 매매와 관리 그리고 시장의 대응방법은 시간이 아무리 흐른다 해도 그 명맥을 반드시 이어갈 것이고, 공감을 받을 것입니다.

주식은 결코 도박이 아닙니다.

주식은 '변동성'을 이해하고, 그 변동성 중에서 유리한 변동성을 취하고 나에게 닥칠 불리한 변동성을 회피하는 것입니다. 그렇게 변동성과 친근해지고 위험을 관리하다 보면 주식 매매는 확률 게임으로 다가옵니다.

'매수의 정석' 온라인 강의는 여러분들에게 주식에서의 '길'이 있음을 제시해드릴 수 있다고 감히 말씀 드리고 싶습니다. 길은 보여 드릴 수 있지만, 그 길을 느끼며 걸어가야 하는 것은 바로 여러분 '자신'입니다.

보는 것과 '직접 행하는 것'은 천지 차이입니다.

이 책은 하나라도 직접 이 온라인 강의에서 말하고 있는 방법을 체험해보시라는 차원에서 만들었습니다.

호철이와 북한산 트레이딩 센터에 오시는 모든 열정 있는 성인, 그리고 버핏 영재 학생들 모두를 온라인 강의에서 제시했던 방법들로 훈련을 시켜서 먼저 '잃지 않는 투자자'로 변하게 했습니다.

　30여 년 동안의 매매 경험과 예전보다 더 세련되어지고, 보다 더 적확한 표현으로 강의를 만들었습니다. 이 책은 그러한 강의를 이해하고 여러분이 스스로 체험해보시도록 만든 부교재입니다.

　부교재로 부족하신 분들은 이제 '경험'의 의미를 더 절실하게 깨달으셨을 것입니다. 그런 분들은 제가 더 열심히 소통의 창구를 다양하게 만들어 그 열정에 보답하도록 하겠습니다.

　강의를 쉽게 정확히 들으셨다면 이제 여러분이 스스로 움직이실 차례입니다.

　잃지 않는 투자자가 되시기를 응원합니다.

　내 팔자는 내가 바꾼다!!!

장영한

차 례

가격 분석의 길을 제시하는 온라인 강의
초보가 고수되는 **매수 타이밍 비법**(총 37강)

이동평균선과 MACD만으로
종목 선정과 매수 타이밍까지!

1. 어렵지 않다.
2. 한국/미국 주식에 동일하게 적용되는 분석 방법이다.
3. 종목 선정을 스스로 할 수 있게 된다.
4. 매수 타이밍을 명쾌하게 제시한다.
5. 대형 우량주에 확률이 좋다.
6. 계좌를 지키는 방법을 알려준다.
7. 퀀트 트레이딩의 기본을 배울 수 있다.
8. 한번 익히면 평생 사용할 수 있다.
9. 트레이더 지원/육성 – 온라인 강의 수강 후(100% 장학/50% 장학)
10. 자기소개서 제출 후 테스트(paul1109@naver.com)
11. 합격자는 2주 교육 및 2달 모의 투자 실시 후
    운용자금 2천만 원부터 최대 1억 원까지 : 수익금 40% 지급/손실 책임 무!
12. 지원 자격 : 학력, 성별 무관
13. 내 팔자는 내가 바꾼다.

장영한 주식TV/미국 주식 퀀트 시스템 매매 교육

온라인 강의
차트북

주린이를 위한
한국/미국 주식

매수의 정석

How to 고기 잡는 법

주식이 어렵지 않음에도 어려워하는 이유

| 1. 주식을 대하는 자세를 배워보자.

주식이 어렵지 않음에도 어려워하는 이유는 앞일을 자꾸 맞추려고 하는데, 그래서 돈을 벌고 싶은데, 앞일을 맞추기 위해 얻거나 공부해야 할 것이 많다고 생각하기 때문이다.

노벨 경제학상을 탄 인류 최고의 수재도 다 말아 먹고 시장을 떠났다. 이런 정도라면 나는, 여러분은 그에 견줄 수 있을까?

시골 촌부도, 못 배운 사람도, 우리 애도, 나도, 여러분도 앞일을 맞출 수 없다. 지구상에 존재하는 그 누구도 또한 그렇다. 그저 올라가려니 하는 예측이나 감, 또는 기대뿐이다.

어떤 주식에 관심이 있거나 모든 주식 하는 사람들, 또는 주식을 사려는 사람들은 해당 주식이 올라갈 것이라는 '공통된 또는 단일한' 예측 기대 또는 감이 있는 것뿐이지 내가 산 주식이 '꼭' 올라가는 것은 절대 아니다.

예측이나 기대 또는 감은 언제든 틀릴 수 있다는 전제가 항상 내포되어 있다. 언제든 틀릴 수 있다는 확실하고 준엄한 전제를 기억하시라!

한 가지 질문을 던져보자. 우리가 주식을 사는 순간

가격이 올라가는 것이 리스크인가?
가격이 떨어지는 것이 리스크인가?

여러분은 무엇이라고 생각하시는가? 올라가는 것은 행운이다. 기쁜 일이다. 결코 올라가는 것에 대해서 걱정하거나 고민할 필요가 없다.

혹자들은 "내년 경기가 좋다는데 삼성전자를 사서 보유하면 어떨까요?" 등의 질문을 한다. 가장 무서운 질문이다. "내 생각처럼 올라갈까요?"와 똑같은 질문이다. 이미 이분은 삼성전자에 핑크빛 희망을 품고 있다. 그렇게 작정하고 물어본다. 아무도 답을 모르는데 자신과 생각이 비슷하다고 이야기해주는 사람을 찾는 것은 아닐까? 이미 사고 싶기 때문에….

리스크는 가격이 떨어지는 것이다. 주식을 사는 순간, 모든 변동성 있는 것을 취하는 순간, 우리 모두는 가격이 하락하는 '리스크'에 노출이 된다. 그러면 주식을 하는 모든 사람들은 어디에 중점을 두고, 무엇을 위해 노력을 해야 할까?

리스크를 없애는 데 나의 모든 노력을 총동원하고
리스크를 줄이는 데 철저해야 한다.

오직 이것뿐이다!

리스크를 줄이거나 없애는 모든 행위, 더 나아가 이익을 확보하는 행위는 우리 아이도, 초등학생, 중·고등학생도 가르치고 배우면 할 수 있는 일이다. 어른은 말할 것도 없다. 배우고 훈련하면 누구나 충분히 할 수 있다. 필자는 이미 초등학교 6학년, 중학교 1~2학년에서부터 대학생, 50대 후반의 성인들까지 이 리스크 관리 훈련을 시켜보았다. 이렇게 하방을, 리스크를 철저히 막는 훈련을 하면 계좌는 거의 손실을 보지 않는다. 그거면 됐다.

하방을 철저히 막으면 위만 열리게 된다.

다시 한번 생각해보시라. 과연 주식이 어려운가? 여러분은 그 누구도 모르는 뜬구름 잡는 것에 여러분의 힘을 쓰는가? 아니면 철저한 리스크 관리에 힘을 쓰는지 잘 생각해보시기 바란다.

이렇게 하면
주식! 결코 어렵지 않다.
제대로 도전해보셔라. 이 악물고!

주식으로 어떻게 돈을 벌까?

1. 주식으로 쉽게 돈을 벌 수 있다?

주식 시장에서 계속해서 수익을 내는 투자자는 5%에 불과하다. 나머지 95%의 개인은 수익을 내지 못하고, 자산을 잃는 게 현실이다. "나는 다르다. 나는 이제껏 세상에서 성공했다"고 하는 사람들조차 실패를 경험하는 곳이 바로 이 주식 시장이다. 이곳은 그렇게 만만한 곳이 아니다.

2. 어떻게 노력해야 주식 시장에서 성공할 수 있을까?

머리가 좋고, 나쁨을 떠나 주식 시장에서 수익을 내려면 '지식'과 '경험'을 갖춰야 한다. 하지만 지식과 경험을 갖추기 위해서는 절대적인 시간이 필요하다. 트레이더들의 스승인 알렉산더 엘더(Alexander Elder)는 성공한 트레이더가 되기 위해서는 항공기 조종사 또는 외과의사가 될 정도의 노력이 필요하다고 말했다. 사실 항공기 조종사나 의사가 되기 위해서는 매뉴얼과 과정이 뚜렷하지만 트레이더의 길은 막막하기만 하다. 오랜 세월이 지나도 주식 시장을 제대로 알지 못하는 경우가 많다.

이론과 실전 투자는 하늘과 땅 차이다. 책을 보며, 일지도 써보고, 실전 투자를 경험해봐야 한다. 또한 그 과정에서 본인의 종잣돈을 많이 잃어서는 안 된다. 자신의 현 위치와 상황을 분명히 깨달아 자신만의 매매 방식(기법, 패턴, 시스템 등)을 찾고, 본인의 자본에 맞는 종목을 선정해서 자금 관리를 해야 한다.

3. 빠른 시간 내에 주식으로 성공하자!

자신이 원하는 매매 방식을 찾은 사람들 중에서 꾸준한 수익률을 만들어가는 사람들이 있다. 이런 사람들은 주식 천재고, 타고난 사람들이다. 하지만 그렇지 않은 대부분의 사람들은 성공한 스승이나 선배들을 찾아가 직접 배우거나 그들의 방법을 연구해야 한다. 스스로 10년 이상 연구해서 주식에서 꾸준한 수익을 내는 고수들이 의외로 많다. 빠른 시간 안에 성공하고 싶다면 무조건 스승을 찾아야 한다.

4. 잃지 않는 투자를 하자!

투자할 종잣돈을 마련한 이후에는 '큰돈을 버는 것'에 중점을 두지 말고, 작은 수익이라도 돈을 잃지 않고 꾸준히 모으는 데

초점을 두자. 그 마음을 중심에 두고 매매 연구를 하자. 고수나 스승을 만나서 그들의 기법을 똑같이 전수받을 것이 아니라, 시장에서 살아남은 그들의 마인드, 시장을 읽는 법, 매매 방법의 방향성 등을 배워야 한다. 수학공식처럼 들어맞는 기법은 없지만, 적어도 특정한 조건에서 성공할 확률이 높은 구간은 반드시 존재한다. 이를 알고 있는 스승의 노하우를 배우자. 우선 최소 1년간 스스로 충분히 주식을 공부하고, 연구하면서 타인의 지혜도 적절히 구하면 좋을 것이다.

2강

주식 매매의 기원/ 변곡점의 이해

학습 목표

1. 컴퓨터가 없었을 때 주식 매매는?
2. 변곡점 그리기 연습을 통해 지지/저항선을 이해한다.
3. 변곡점의 크기는 왜 중요할까?

1. 배운 내용을 상기시키며 강의에 등장했던 차트들에서 변곡 점을 그려보자.

| 삼성전자 일봉 차트 |

| 애플 일봉 차트 |

| 상해전력 일봉 차트 |

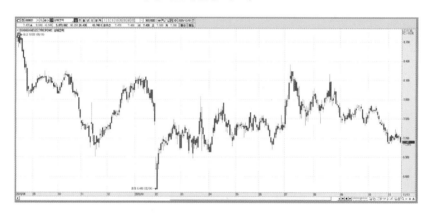

2. 다음 중 강의내용을 올바르게 이해하고 있는 사람은 누구
  인가?

① **철수** : 변곡점을 그리는 이유는 지지와 저항을 찾기 위해서다.

② **영희** : 기술적 분석은 각각의 시장에 따라 다르게 적용되기

때문에 한국 주식, 중국 주식, 미국 주식은 각각에 맞는 방식을 적용해야 한다.

③ **지숙** : 작은 변곡점일수록 더욱더 중요한 지지와 저항이 되기 때문에 모든 변곡점은 놓치지 말고 꼼꼼하게 확인해야 한다.

④ **준기** : 기술적 분석은 만만하게 볼 것이 아니기 때문에 초등학생보다는 대학생 이상의 고학력자에게 유리하다.

2강 요약

1. 기술적 분석은 모든 시장에서 동일하게 적용이 되어야 한다.

2. 거래량과 거래 대금이 많을수록, 대형 우량주일수록 기술적 분석의 확률은 좋아진다.

3. 변곡점의 크기는 지지/저항선을 찾는 중요한 단서가 된다.

3강

차트분석과 트레이딩을 위한 책과 HTS 세팅 방법

학습 목표

1. 〈패턴매매기법〉에서 사용하는 보조지표를 알아본다.
2. 보조지표를 HTS상에서 설정하는 방법을 알아본다.
3. 추세를 쉽게 이해하는 방법을 알아본다.

1. 다음 중 〈패턴매매기법〉에서 사용하는 보조지표로 알맞게 짝지어진 것을 골라보자.

① 가격이동평균 – DMI

② 일목균형표 – 볼린저밴드

③ 가격이동평균 – MACD

④ 일목균형표 – DMI

⑤ RSI – 투자 심리선

2. 다음 중 3강의 내용을 제대로 이해하고 있는 사람은 누구
   인가?

① **철수** : 일봉 차트를 보고 분석할 때는 1년 정도의 긴 기간을
   보기보다는 2~3개월 정도의 짧은 기간을 확대해서
   봐야 더 정확한 분석이 가능해.

② **이주** : 이동평균선은 가격을 후행하는 지표이지만, MACD는
   가격을 선행하는 지표이기 때문에 2개의 지표를 같이
   분석한다면 가격 흐름을 어느 정도 예측할 수 있어.

③ **영철** : 추세를 판단할 때는 월봉 차트 10년 정도의 긴 흐름
   을 봐야 해.

④ **기태** : 컴퓨터가 발전하기 전에는 추세를 판단할 수 있는 방
   법이 없었다니… 난 컴퓨터가 있는 세대에 태어나서
   정말 행운이야.

⑤ **세빈** : 아하! 〈패턴매매기법〉에서는 사용하는 MACD는 가격이
   동평균을 이용해서 만들어진 지표구나! 그럼 MACD에
   는 이미 가격이동평균이 포함된 것이니 나는 MACD
   만을 이용해 매매해야겠어!

3. 이번 강의에서 〈패턴매매기법〉에서 사용하는 보조지표들의
   설정들에 대해서 공부했다. 공부한 내용을 상기시키며 〈패
   턴매매기법〉에서 사용하는 이동평균선의 기간과 MACD의
   단기, 장기, 시그널을 적어보자.

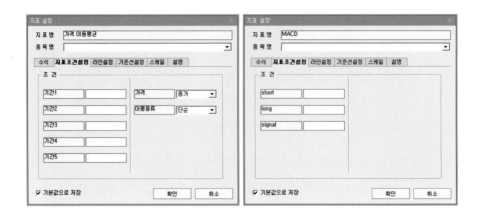

4. 다음 두 차트들에 표시되어 있는 것은 2개의 각기 다른 추
세선들이다. 다음 중 가격이동평균은 무엇일까?

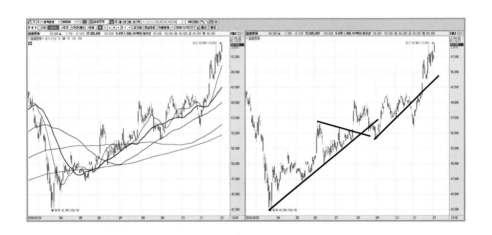

1. 〈패턴매매기법〉에서는 이동평균선과 MACD만을 이용한다.

2. 이동평균선은 15 33 75 150 300으로 설정하고, MACD는 단기 5, 장기 20, 시그널 5로 설정한다.

3. 추세에는 3가지 종류가 있다. 하락, 보합, 상승이다. 추세는 10년 이상의 월봉 차트를 보고 판단한다.

4강 추세의 개념 이해 및
바스켓 ^{관심종목} 설정 방법

**학습
목표**
1. 조건검색을 통해 내 바스켓을 구성할 수 있다.
2. 〈패턴매매기법〉에서 이동평균선과 MACD만을 사용하는 이유를 알아본다.
3. 주식 시장에는 '정의(Definition)'가 없다.

1. 오늘은 조건검색을 이용해 바스켓을 설정하는 법에 대해서 배웠다. 빈칸에 들어갈 알맞은 숫자를 적어보자.

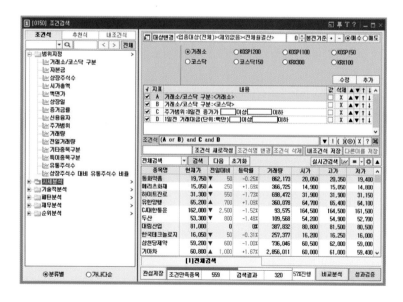

2. 조건검색으로 종목들을 추려냈다면 이제는 본인의 눈으로 상승추세의 종목들을 추려낼 차례다. 다음 차트들 중 내 바스켓에 넣어두고 싶은 종목들, 또는 빼고 싶은 종목들은 무엇인지 생각해보자.

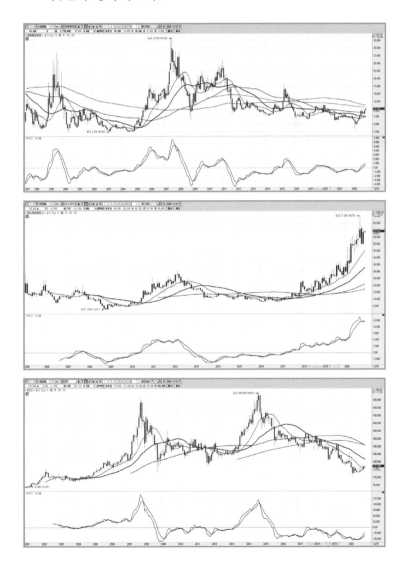

3. 〈패턴매매기법〉에서 보조지표로써 주가이동평균과 MACD
   만을 이용하고 거래량지표를 보지 않는 이유는 무엇인가?
   (서술형)

4. 상승추세만을 매매하는 이유는 무엇인가? (서술형)

**4강
요약**

1. 바스켓을 구성하기 위해 HTS에 조건검색 기능을 활용한다.

2. 주가범위는 10,000/평균 하루 거래대금 30억 원 이상

지지선과 저항선을 찾는 것이 매매의 전부

학습 목표

1. 지지선과 저항선은 심리의 표출이다.
2. 갭, 전고점, 이동평균선, 이중바닥, 피보나치 조정대는 지지/저항선이다.

[O, X 퀴즈] 차트에서 나타나는 갭은 지지나 저항이지만, 한번 메워지면 지지나 저항의 역할은 끝난다.

1. 변곡점을 그려보고, 전통적인 저점 2개를 잇는 추세선을 그려보자.

| 카카오 추세선 |

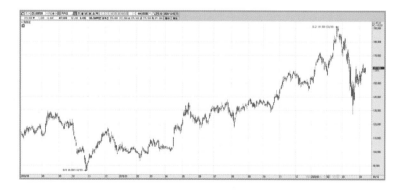

2-1. 변곡점을 그려보고, 전고점을 찾아보자.

| 현대제철 전고 |

2-2. 변곡점을 그려보고, 전고점을 찾아보자.

| 네이버 전고 |

2-3. 변곡점을 그려보고, 전고점 지지의 반대인 전저점 저항을 찾아보자.

| 코스피 전고 지지 반대 |

3-1. 변곡점을 그려보고, 갭지지 구간을 찾아보자.

| NH투자증권 갭 지지 |

3-2. 변곡점을 그려보고, 갭 저항 구간을 찾아보자.

| 네이버 갭 저항 |

3-3. 변곡점을 그려보고, 갭 지지와 갭 저항을 각각 하나씩 찾아보자.

| 애플 갭 지지 갭 저항 |

4-1. 변곡점을 그려보고, 현재 시점에서 피보나치 조정대를 사용해 지지선을 찾으려면 어디까지 연결해서 봐야 할까?

| 코스피 피보나치 |

4-2. 변곡점을 그려보고, 피보나치 조정대를 사용해 지지선을 찾으려면 어디까지 연결해서 봐야 할까?

| 카카오 피보나치 |

응용문제 1 다음의 두 차트에서 변곡점을 그려보고, 이번 강의
에서 배운 지지나 저항의 요인을 모두 찾아보자.

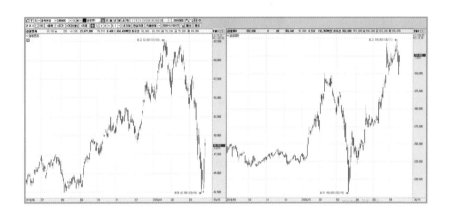

응용문제 2 다음의 두 차트에서 변곡점을 그려보고, 이번 강의
에서 배운 지지나 저항의 요인을 모두 찾아보자.

5강
요약

1. 지지와 저항을 찾아내자.

2. 갭 : 주가가 폭등하거나 폭락하면서 주가와 주가 사이에 나타나는 공간을 말한다. 이 공간에서는 거래가 이루어진 적이 없었기 때문에 앞으로 지지나 저항의 역할을 한다. 기억해야 할 갭의 특징으로는 한번 메워지면 더 이상 갭으로써 의미가 없어진다는 것이다.

3. 전고점 : 전고점은 이전에 형성되어 있던 고점을 말한다. 최초로 이 고점을 상승 돌파할 당시에는 이 지점이 '더블 탑'이라는 저항선이었다. 하지만 더블 탑 저항선을 뚫고 올라간 주가가 다시 전고점까지 내려오면 저항선이었던 이곳은 지지선이 된다. '전고점이 돌파되면 지지선이 된다'는 말을 기억하자.

4. 피보나치 조정대 : 만약 상승하던 주가가 가격조정을 받고 다시 기존 추세를 확장한다면 가격조정이 멈추는 지점이 31.8%, 50%, 61.2%가 될 수 있다.

배움의 자세

배우지 아니함이 있으면 몰라도
일단 배우면 능숙할 때까지 포기하지 말아야 하며,
묻지 아니함이 있으면 몰라도
일단 물으면 철저히 이해할 때까지 포기하지 말아야 하며,
실행하려 하지 않았으면 몰라도
일단 실행하려면 철저히 잘 실행될 때까지 포기하지 말아야 하며,
어떤 자가 한 번의 노력으로 성공하면 나는 열 번 노력하고
어떤 자가 열 번 노력해서 성공하면 나는 백 번 노력할 일이다.
사실 이렇게 해 나간다면 우매한 자라도 반드시 총명해질 것이며,
약한 자라도 반드시 강해질 것이다.

출처 : 《중용》 20장

패턴매매기법의 이해 1 - 상승추세

학습 목표

1. 월봉 차트로 추세를 판단하자.
2. 힘이 생긴 시장에는 관성의 법칙이 존재한다.
3. 이동평균선과 MACD를 이해하자.

다음 중 패턴매매기법 강의를 제대로 이해하고 있는 친구는 누구인가?

① **명수** : 추세추종 매매는 추세가 있는 종목에서만 하는 거야.

② **달수** : 시장에는 열역학 제1법칙인 에너지 보존법칙이 존재하기 때문에 추세는 계속해서 기존 추세를 확장해나가. 그래서 우리는 추세에 순응하면서 상승추세의 차트보다는 하락추세의 차트에서 매매해야 돼.

③ **은미** : 달수야, 그게 아니지. 시장에는 작용 반작용의 법칙이 존재하고, 가격은 일정한 박스권의 상단과 하단 안에

서만 움직이려는 성질이 있기 때문에 우리는 하단에

사서 상단에 파는 반복적인 방법으로 매매를 해야 해.

④**봉수** : 너희들 말을 들어보니 매매를 잘하려면 물리법칙을

많이 알아야 하는구나! 당장 물리공부를 하러 가야

겠어.

⑤**인수** : 하락추세인 회사의 재무재표를 분석해서 재무건전성

이 좋아진 회사에 투자해야겠어.

6강 요약 상승추세의 차트란 10년에서 20년 월봉 차트를 보고 주가가 계속해서 신고점을 갱신해 나가고 있는 차트다.

<table>
<tr><td>

7강

</td><td>

패턴매매기법의 이해 2 -
조정국면

</td></tr>
</table>

**학습
목표**

1. 조정국면은 시장의 휴식 기간이다.
2. 조정국면은 시간(기간)조정과 가격조정이 있다.

1. 강의의 내용을 바탕으로 다음 차트에서 A, B, C 가 패턴 몇
인지 적고, 그것이 각각 의미하는 것을 간단하게 적어보자.

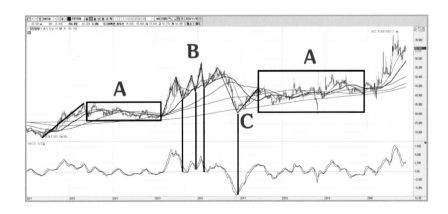

· A :

· B :

· C :

2. 다음 빈칸에 들어갈 알맞은 말을 적어보자.

> **패턴 1, 2, 3은 (　　　　)와(과) (　　　　)을(를) 이어주는 가교역할을 한다.**

3. 다음 중 상승추세와 조정국면의 특징을 잘못 설명하고 있
　　는 사람은 누구인가?

① **미숙** : 상승추세의 차트는 대부분의 기간 동안 MACD가 0
　　　　선 위에 있어.

② **은숙** : 상승추세에서 MACD가 0선 위에서 0선 근처까지 내
　　　　려왔다가 돌아 올라가는 것을 패턴3, 얕은 가격조정
　　　　이라고 말해.

③ **종숙** : MACD가 0선 위에서 아래로 깊게 내려오는 것은 기존
　　　　상승추세가 하락추세로 돌입한다는 신호야.

④ **혜숙** : 상승추세가 큰 폭으로 발산한 뒤, 비슷한 가격대에서
　　　　계속해서 횡보하면서 이동평균선들이 수렴하는 것은
　　　　패턴1, 기간조정이야.

⑤ **윤숙** : 시장은 추세를 분출하고 나면 휴식국면을 통해 힘을

축적한 뒤, 다시 기존 추세를 확장해.

7강 요약 조정국면이란 추세가 생성된 종목에서 기존 추세를 이어나가기 이전에 거치는 휴식국면을 이야기한다.

8강

MACD의 특성 이해

학습 목표

1. MACD에서 기준선의 역할을 이해한다.
2. 가격, 이동평균선, MACD에는 시차가 발생한다.
3. 가격과 이동평균선은 매수 타이밍을 제시한다.

1. 다음 중 MACD 기준선을 제대로 설정한 것을 고르시오.

①

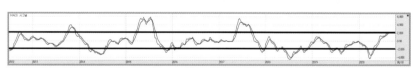

②

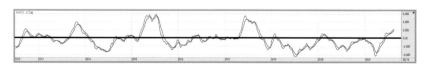

③

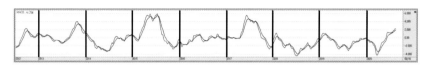

④

2. 다음 중 해미가 말하고 있는 지점은 어디인가요?

해미 : 상승추세의 차트는 MACD가 주로 0선 위에 있어. 이때
MACD가 0선 근처에서 시그널선을 골든크로스 할 때
매수하면 성공확률이 높아.

1. MACD의 중요한 기준선은 0선이다. 0선을 기준으로 대부분의 기간 동안 0선 위에 있는 차트는 상승추세이고, 이 반대의 경우는 하락추세다.

2. 패턴 3은 얕은 가격 조정이고, 패턴 2는 깊은 가격 조정이다.

9강 이중바닥 Double bottom의 매수 타이밍

학습 목표

> 1. 이중바닥을 '직접' 발견해보자.
> 2. 캔들차트에서 '도지'의 활용 방법을 이해한다.

1. 다음 차트에서 이중바닥을 근거로 매수해볼 수 있는 지점
   들을 골라보자.

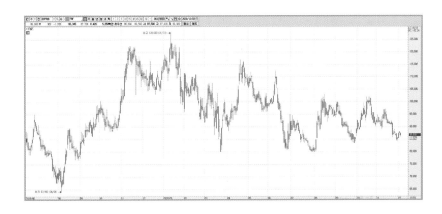

2. 다음의 캔들 중 도지가 아닌 것을 모두 골라보자.

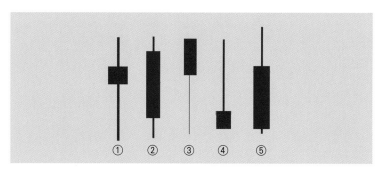

3. 다음 중 도지의 설명으로 잘못된 것을 골라보자.

① 도지는 캔들의 몸통 길이보다 위, 아래 꼬리 길이의 합이
   긴 것을 말한다.
② 도지는 매수와 매도의 충돌이 평소보다 심하게 일어났다
   는 뜻이다.
③ 변곡점이 될 만한 자리에서 종종 출현한다.
④ 도지는 종가가 시가보다 높아야 한다.
⑤ 이중바닥과 도지가 결합된다면 확률이 높아진다.

10강

이중바닥 직접 찾아보기
각국 사례

**학습
목표**

1. 해외 주식에서 이중바닥을 '직접' 발견해보자.

2. 캔들차트에서 '도지'의 활용 방법을 이해한다.

1. 중국 주식 차트 사례

주린이를 위한 한국/미국 주식 **매수의 정석**

2. 미국 주식 차트 사례

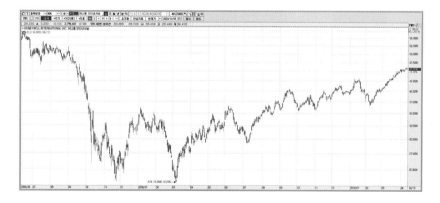

9강
10강
요약

1. 이중바닥(Double Bottom)이란 현재의 가격이 이전 의미 있는 변곡점과 같아지는 지점이다.

2. 이중바닥은 중요한 매수 타이밍으로 사용한다.

3. 도지는 캔들에서 꼬리 길이의 합이 몸통의 길이보다 긴 것을 말한다. 도지의 출현은 매수와 매도의 충돌이 평소보다 심하게 발생한다는 의미다.

4. 도지가 발생한 시점에 다른 지지선이 함께 있다면 이 지점은 변곡이 될 확률이 높다.

11강

매수 디버전스의 이해와 매수 타이밍

학습 목표

1. 매수 디버전스를 이해한다.
2. 실제 차트에서 매수 디버전스 현상을 '직접' 찾아보자.

1. 매수 디버전스의 충족 조건이다. 빈칸을 채워보자.

① 시그널선이 0선 (   )에 있어야 한다.

② MACD의 변곡점이 (   )해야 한다.

③ 같은 기간 가격은 저점이 (   )한다.

④ 골든크로스와 데드크로스는 각각 최소한 (   )번, (   )번씩 있어야 한다.

2. 다음 차트에서 매수 디버전스 현상이 일어난 구간을 표시
해보자.

2-1.

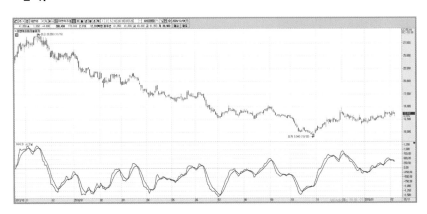

2-2.

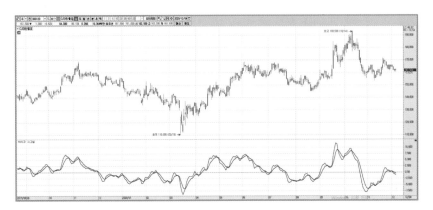

미국 주식 등에서 매수 디버전스와 매수 타이밍

학습 목표
1. 해외 주식 차트에서도 매수 디버전스 현상을 발견할 수 있다.

1. 다음 차트에서 매수 디버전스를 찾아보자.

1) 중국 주식 차트 사례

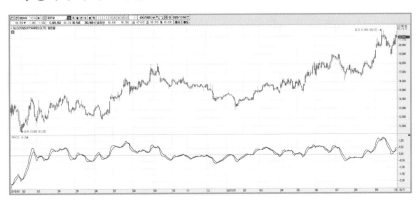

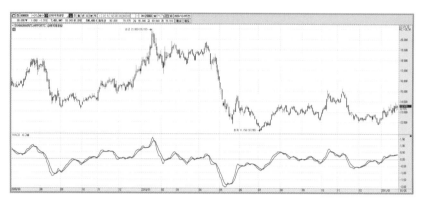

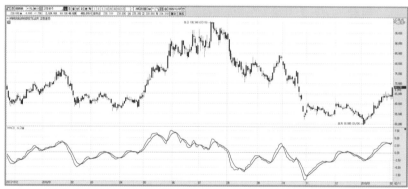

2) 미국 주식 차트 사례

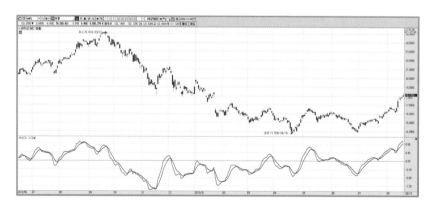

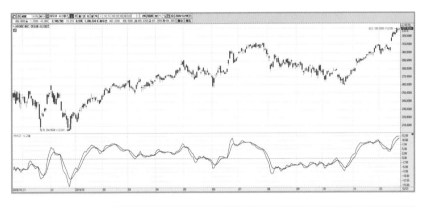

꿈을 이뤄주는 사랑

사랑은 꿈을 만들어주고 그 꿈을 쌓아간다.
(중략)

꿈은 나누어야 이루어지기 시작한다.
(중략)

꿈의 파장은 우리의 가슴에서
다른 사람의 가슴까지 전달된다.
꿈이 있는 사람들과 함께하면 꿈이 전달된다.

꿈이 생긴다.
꿈은 삶을 변화시키고
사랑은 세상을 변화시킨다.

출처 : 용혜원, 《사랑하니까》, 좋은생각, 2003

13강 전고점 돌파 후 지지선이 되는 매수 타이밍

학습 목표

1. 지지/저항을 찾는 것이 가격 분석의 처음이자 끝이다.
2. 지지/저항선은 매수와 매도 타이밍을 제시해준다.
3. (이)전고점은 중요한 지지선이며, 매수 타이밍이다.

지지와 저항의 기본 특성

지지선이 하락 돌파되면 저항선이 된다. 반대로 저항선이 상승 돌파되면 지지선이 된다.

더블탑 저항선이 상승 돌파되면 이 저항선이었던 더블탑은 지지선이 되고, 이것을 전고점 지지선이라고 부른다.

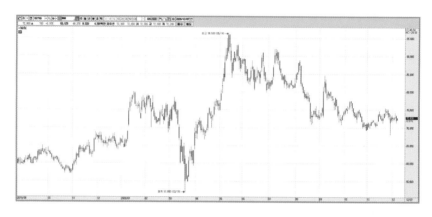

14강

전고점 돌파 후 지지선이 되는 매수 타이밍/미국 주식 등

학습 목표

1. 지지/저항을 찾는 것이 가격 분석의 처음이자 끝이다.

2. 지지/저항선은 매수와 매도 타이밍을 제시해준다.

3. (이)전고점은 중요한 지지선이며, 매수 타이밍이다.

1. 미국 주식 차트 사례

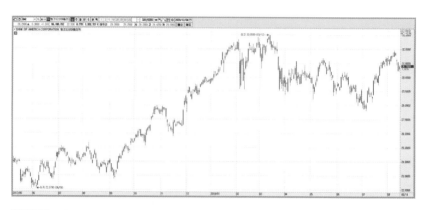

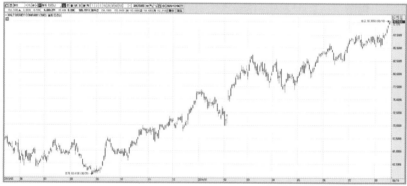

2. 중국 주식 차트 사례

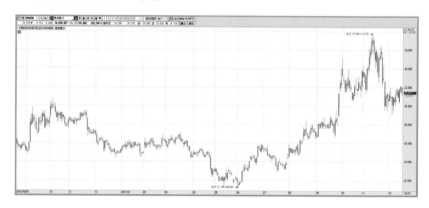

1. 지지선이 하락 돌파되면 저항선이 되고, 저항선이 상승 돌파되면 지지선이 된다.

2. (이)전고점은 강한 매물대의 저항을 돌파해 가격이 상승한 후, 저항선인 더블탑이 전고점 지지선으로 변한 사례다.

3. 각 나라의 대형 우량주에서 발견되는 전고점 지지 현상을 직접 찾아보자.

15강

얕은 가격 조정인 P3을 이용한 매수 타이밍

학습 목표

1. 조정국면은 2가지 종류로 나뉜다. 시간(기간) 조정과 가격 조정이다.
2. 가격 조정은 깊은 가격 조정과 얕은 가격 조정 2가지 종류다.
3. 얕은 가격 조정인 P3는 이동평균선과 결합해 매수 타이밍을 포착한다.

1. 다음 차트는 CJ대한통운의 일봉 차트다. P3의 구간들을 모두 찾아보자.

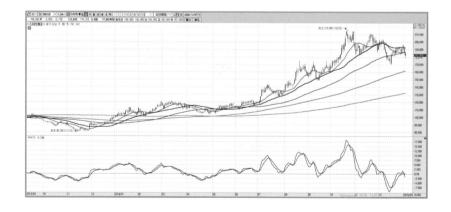

2. 다음 이노와이어리스 차트에서 동그라미 친 날 MACD가 향후 0선 근처에서 돌아 올라가는 패턴 3를 예상하고 매수계획을 세운다면 어떤 이평선을 기준으로 잡는 것이 바람직한가?

3. 중국 주식 차트 사례

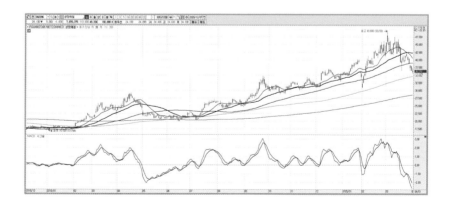

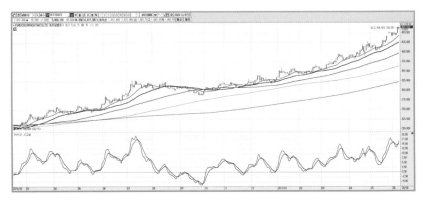

4. 미국 주식 차트 사례

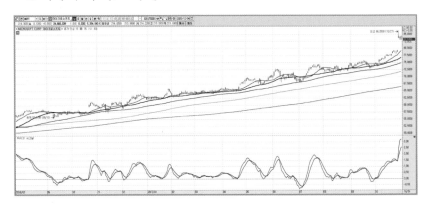

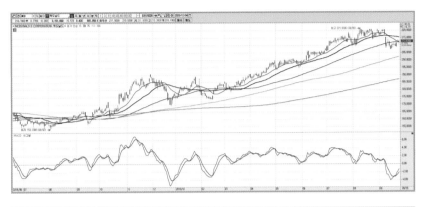

16강

이중바닥^{Double bottom}과 60분봉 차트를 결합한 실시간 매수 타이밍/한국 주식

학습 목표

1. 일봉 차트 이중바닥 조건이 충족되었을 때 60분봉 차트에서 매수 타이밍을 잡을 수 있다.

1. 다음 차트에서 이중바닥과 매수 디버전스를 찾아보고, 60분봉 차트에서 매수 타이밍을 찾아보자(시그널 발생 여부도 찾아보자).

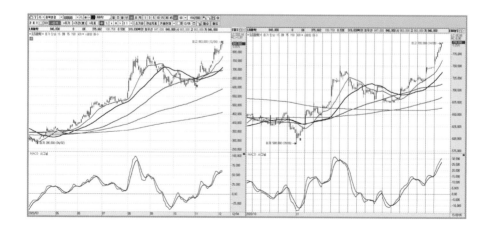

2. 다음 차트에서 매수 타이밍을 찾아보고 60분봉 차트에서의
   매수 타이밍도 찾아보자.

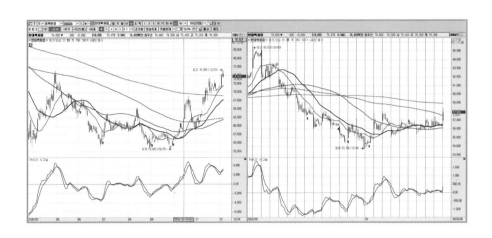

3. 다음 차트에서 이중바닥과 매수 디버전스를 찾아보고 60분
   봉 차트에서도 매수 타이밍을 찾아보자.

4. 다음 차트에서 지지선과 이중바닥을 찾아보고, 60분봉 차
트 매수 타이밍도 찾아보자.

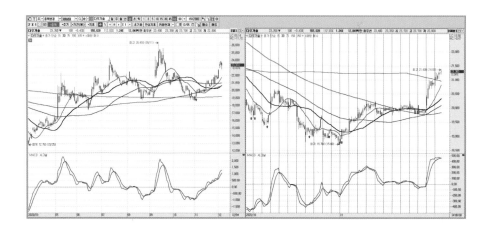

17강 이중바닥Double bottom과 60분봉 차트를 결합한 실시간 매수 타이밍/미국 주식 등

학습 목표

1. 미국 등 해외 주식 시장에서도 동일한 원칙이 적용된다.

1. 다음 일봉 차트에서 화살표 친 부분은 매수 타이밍이다. 그 이유를 찾고 60분봉 차트에서의 매수 타이밍도 찾아보자(60분 차트는 밑의 바에 날짜가 표시되어 있다). 시그널 발생 유무도 확인해보자.

2-1. 다음 일봉 차트에서 이중바닥을 모두 찾아보고, 60분봉 차트에서 매수 타이밍을 찾아보자.

2-2.

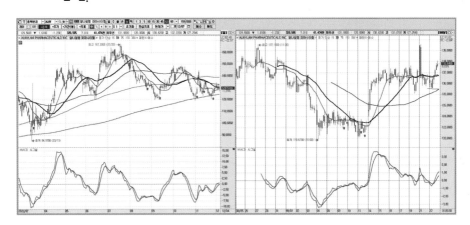

3. 다음 차트에서 이중바닥을 찾아보고 60분봉 차트에서 매수
   타이밍을 찾아보자.

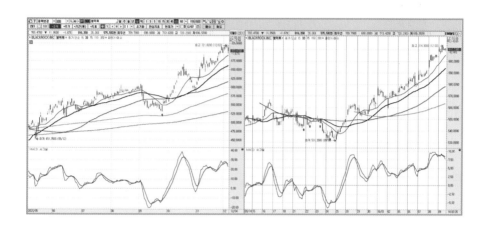

4. 다음은 중국 주식 '신화에너지' 차트다. 일봉 차트에서 이중
   바닥과 60분봉 차트 매수 타이밍을 찾아보자.

1. 일봉 차트에서 이중바닥조건이 충족되는 날을 찾는다.

2. 해당 날짜의 60분봉 차트에서 매수 타이밍을 찾는다.

3. MACD가 시그널선을 상승 돌파(Golden Cross)할 때가 매수 포인트다.

4. 미국 주식 등 해외 주식에서 같은 사례를 '직접' 찾아본다.

18강

이동평균선/매수 디버전스와 60분봉 차트를 결합한 실시간 매수 타이밍

**학습
목표**

1. 일봉 차트에서 이동평균선과 매수 디버전스가 결합된 지점을 찾는다.
2. 해당 날짜의 60분봉 차트에서 실시간 매수 타이밍을 확인한다.

1. 다음 차트에서 2020년 10월 27일에 매수 타이밍이 나온 조건을 설명하고, 60분봉 차트에서 매수 타이밍을 찾아보자(일봉 차트 조건/60분봉 차트 조건/매수 디버전스 유무/시그널 유무).

2. 다음 차트에서는 두 번의 매수 타이밍이 나왔다. 매수 타이밍을 직접 찾아보고 60분봉 차트에서의 타이밍과 그때의 매수 시그널을 찾아보자(일봉 차트 조건/60분봉 차트 조건/매수 디버전스 유무/시그널 유무).

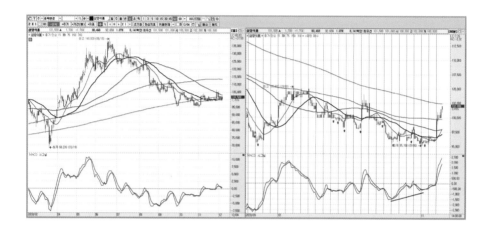

3. 다음 차트에서 2020년 10월 30일이 매수 타이밍인 이유를 확인하고, 60분봉 차트에서 매수 타이밍을 찾아보자.

4. 다음 차트에서 2020년 9월 24일에 매수 타이밍이 나온 이
유와 60분봉 차트에서 매수 타이밍을 찾아보자.

19강

이동평균선/매수 디버전스와 60분봉 차트를 결합한 실시간 매수 타이밍/미국 주식 등

학습 목표

1. 일봉 차트에서 이동평균선과 매수 디버전스가 결합된 지점을 찾는다.
2. 해당 날짜의 60분봉 차트에서 실시간 매수 타이밍을 확인한다.

1. 다음 일봉/60분봉 차트에서, 2020년 10월 28일이 매수 타이밍인 이유를 찾아보자.

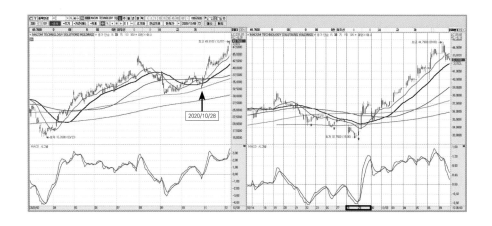

주린이를 위한 한국/미국 주식 **매수의 정석**

2. 다음 일봉/60분봉 차트에서, 2020년 10월 30일이 매수 타
   이밍인 이유를 찾아보자. 매수 디버전스, 이중바닥, 시그널
   도 나왔다면 차트에 그려보자.

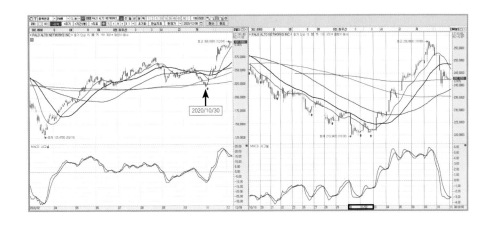

3. 다음 일봉/60분봉 차트에서 2020년 9월 21일이 매수 타이
   밍인 이유를 찾아보자. 60분봉 차트에서도 매수 타이밍을
   찾아보자.

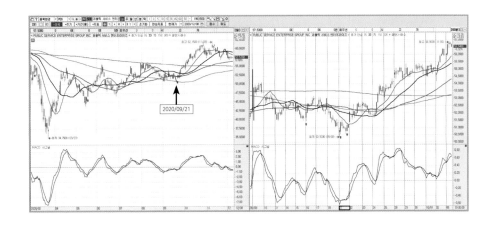

4. 다음 일봉/60분봉 차트에서, 2020년 9월 24일이 매수 타이
밍인 이유를 찾아보자. 60분봉 차트에서 매수 타이밍도 찾
아보자.

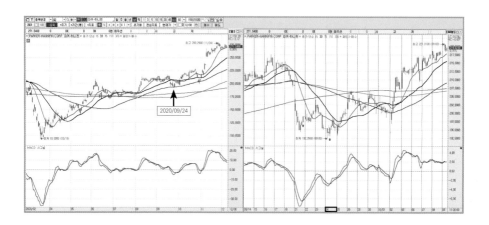

18강 19강 요약	1. 일봉 차트 이동평균선에서 매수 디버전스가 동시에 발생한 지점을 찾아낸다.
	2. 해당 일봉 차트의 60분봉 차트에서 매수 시점을 찾아보고, 60분봉 차트상의 매수 시점에도 역시 매수 디버전스가 발생했는지 확인한다.
	3. 미국 주식 등 해외 주식에서도 같은 사례들은 스스로 찾아본다.

20강 전고점/이동평균선 지지와 60분봉 차트를 결합한 실시간 매수 타이밍

학습 목표

1. 일봉 차트에서 전고점과 이동평균선 지지가 동시에 만족하는 지점을 찾아낸다.

2. 일봉 차트 근거가 충족된 시점에서 60분봉 차트의 실시간 매수 타이밍을 확인한다.

3. 60분봉 차트 매수 이후 손절 지점과 이익 실현 지점을 시뮬레이션 해본다.

1. 다음 차트는 키움증권의 일봉과 60분봉 차트다. 일봉 차트에서 전고점과 15 이동평균선 지지를 근거로 매수했다면 60분봉 차트에서의 매수 타점과 스탑은 어디일까?

2. 다음 차트는 엔씨소프트의 일봉과 60분봉 차트다. 일봉 차
트에서 전고점과 75 이동평균선 지지를 근거로 매수했다면
60분봉 차트에서의 매수 타점과 스탑은 어디일까?

21강

전고점/이동평균선 지지와 60분봉 차트를 결합한 실시간 매수 타이밍/미국 주식 등

학습 목표

1. 일봉 차트에서 전고점과 이동평균선 지지가 동시에 만족하는 지점을 찾아낸다.
2. 일봉 차트 근거가 충족된 시점에서 60분봉 차트의 실시간 매수 타이밍을 확인한다.
3. 60분봉 차트 매수 이후 손절 지점과 이익 실현 지점을 시뮬레이션 해본다.

1. 다음 차트는 미국 월트 디즈니의 일봉과 60분봉 차트다. 일봉 차트에서 전고점과 75 이동평균선 지지를 근거로 매수했다면 60분봉 차트에서의 매수 타점과 스탑은 어디일까?

2. 다음 차트는 미국 HCA 홀딩스의 일봉과 60분봉 차트다. 일
   봉 차트에서 전고점과 75 이동평균선 지지를 근거로 매수
   했다면 60분봉 차트에서의 매수 타점과 스탑은 어디일까?

3. 다음 차트는 중국 강봉리튬의 일봉과 60분봉 차트다. 일봉
   차트에서 전고점과 15 이동평균선 지지를 근거로 매수했다
   면 60분봉 차트에서의 매수 타점과 스탑은 어디일까?

4. 다음 차트는 중국 고정공주의 일봉과 60분봉 차트다. 일봉
   차트에서 전고점과 33 이동평균선 지지를 근거로 매수했다
   면 60분봉 차트에서의 매수 타점과 스탑은 어디일까?

20강 21강 요약

1. 일봉 차트에서 전고점과 이동평균선이 동시에 만족할 때 두 개의 지지선 중 아래에 있는 가격까지 기다린다.

2. 기준가에 닿으면 그때부터 60분봉 차트에서 실시간 매수 타이밍을 확인한다.

3. 매수 포지션 이후 손절은 60분봉 차트에서 매수 시그널이 발생할 때 또는 이전에 발생한 60분봉 차트 저가 아래에 위치시킨다.

4. 매수 포지션 이후에 가격이 상승하면 손절을 상향시키고 이익 실현도 병행한다.

22강 전고점/이동평균선/패턴 3과 60분봉 차트를 결합한 실시간 매수 타이밍/ 한국 주식

학습 목표

1. 한 변곡점에서 여러 형태의 지지선이 중복되었을 경우의 상승 확률을 관찰한다.
2. 실패 사례의 케이스도 발견해 위험 관리 능력을 향상시킨다.

1. 다음 일봉 차트에서 화살 표시한 지점에서 매수했다면 근거는 무엇이며, 60분봉 차트에서의 매수 타점과 스탑은 어디일까?

2. 다음 일봉 차트에서 화살 표시한 지점에서 매수했다면 근
  거는 무엇이며, 60분봉 차트에서의 매수 타점과 스탑은 어
  디일까?

전고점/이동평균선/패턴 3과 60분봉 차트를 결합한 실시간 매수 타이밍/미국 주식

학습 목표

1. 한 변곡점에서 여러 형태의 지지선이 중복되었을 경우의 상승 확률을 관찰한다.

2. 실패 사례의 케이스도 발견해 위험 관리 능력을 향상시킨다.

1. 다음 차트는 미국 주식 어도비 시스템즈의 일봉과 60분봉 차트다. 일봉 차트에서 화살 표시한 지점에서 매수했다면 근거는 무엇이며, 60분봉 차트에서의 매수 타점과 스탑은 어디일까?

2. 다음 차트는 미국 주식 컴캐스트의 일봉과 60분봉 차트다. 일봉 차트에서 화살 표시한 지점에서 매수했다면 근거는 무엇이며, 60분봉 차트에서의 매수 타점과 스탑은 어디일까?

3. 다음 차트는 중국 주식 북경원육홍원 전기기술의 일봉과 60분봉 차트다. 일봉 차트에서 화살 표시한 지점에서 매수했다면 근거는 무엇이며, 60분봉 차트에서의 매수 타점과 스탑은 어디일까?

4. 다음 차트는 중국 주식 커우즈양조의 일봉과 60분봉 차트다.
일봉 차트에서 화살 표시한 지점에서 매수했다면 근거는 무
엇이며, 60분봉 차트에서의 매수 타점과 스탑은 어디일까?

22강 23강 요약

1. 일봉 차트에서 전고점과 이동평균선, 패턴 3 세 개의 근거가 동시
   에 만족할 때는 세 개의 지지선 중 가장 아래 가격의 지지선으로 올
   때까지 기다릴 수 있어야 한다.

2. 성공 사례보다는 실패 사례도 스스로 찾아서 위험 관리에 대한 철
   저한 인식이 더 중요하다.

패턴 1^{기간조정}의 이해와 N자형 매수 타이밍

패턴 1^{기간조정}의 이해와 N자형 매수 타이밍

학습 목표

1. 패턴 1 개념을 이해한다.
2. 매수 후 성공했을 경우와 함께 실패하는 케이스도 경험해야 한다.

1. 강의내용을 바탕으로 다음 빈칸을 모두 채워보자.

패턴 1은 추세가 생성된 종목에서 (   ) 조정을 받으면서 (   )들이 한곳에 수렴하는 현상을 말한다. 이때 (   ) 이동평균선이 (   ) 이동평균선보다 아래에 있는 모습이 이상적이다. 또 MACD가 패턴 (   )의 모습일 경우 상승 확률이 더 높아진다.

---

2. 다음 대화에서 잘못 이해하고 있는 사람은 누구인가?

① **윤희** : 패턴 1은 기간조정을 거치면서 힘을 축적하기 때문에 패턴 2와 패턴 3에 비해 종국에는 가장 큰 힘을 발휘해.

② **철민** : 맞아. 또 패턴 1은 15, 33, 75 이동평균선이 수렴한 것만 발견하면 되기 때문에 매매를 하기도 가장 쉽지.

③ **민우** : 패턴 1의 매수 타이밍은 가격이 15, 33, 75 이동평균선 3개를 큰 힘으로 모두 뚫고 올라간 뒤, 내려오면서 닿는 첫 번째 이동평균선이나 세 번째 이동평균선이야.

④ **정주** : 첫 번째 이동평균선이나 세 번째 이동평균선이 모두 매수 타이밍이라는 말은 첫 번째 이동평균선에서 사는 것보다 세 번째 이동평균선에 올 때까지 기다렸다가 사는 것이 더 안전하겠어.

⑤ **지민** : 민우와 정주, 너희는 N자형 매수 타이밍을 말하고 있는 거구나? N자형 매수 타이밍은 매물대의 저항을 큰 힘으로 뚫고 내려와서 지지한다는 점에서 전고점이 돌파되면 지지선이 된다는 원리와 같아.

3. 다음 차트는 대한유화의 일봉 차트다. 동그라미 표시 두 부
   분에 대해 지금까지 배운 내용을 상기하면서 종합적으로
   분석해보자.

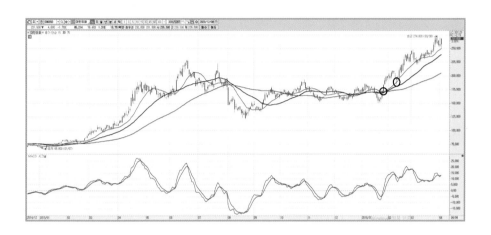

24강 요약

1. 패턴 1이란 15, 33, 75 세 개의 이동평균선이 한곳에 수렴하는 기간조정이다.

2. 패턴 1은 15 이동평균선이 가장 아래에서 33과 75 이동평균선을 골든크로스 내면서 올라갈 때 폭발적이다.

3. N자형 패턴에서 15, 33, 75 이동평균선의 순서는 중요하지 않다.

N자형 패턴과 60분봉 차트를 결합한 실시간 매수 타이밍/한국 주식

학습 목표

1. 일봉 차트 N자형 패턴은 보합 국면 하단에서 상승으로 돌파하려는 시도다.

2. 미국 주식 등에서도 N자형 패턴과 결합한 60분봉 차트 매수 타이밍을 찾아낸다.

1. 다음 차트에서 12월 9일 60분봉 차트의 어디가 매수 타이밍이며, 근거는 무엇인가?

2. 다음 차트에서 12월 3일 60분봉 차트의 어디가 매수 타이
밍이며, 근거는 무엇인가?

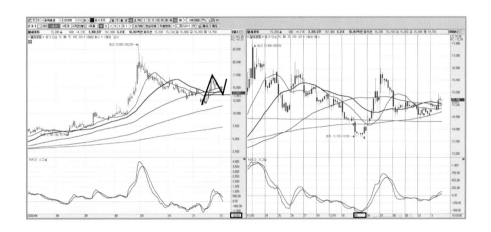

26강

N자형 패턴과 60분봉 차트를 결합한 실시간 매수 타이밍/미국 주식 등

학습 목표

1. 일봉 차트 N자형 패턴은 보합 국면 하단에서 상승으로 돌파하려는 시도다.
2. N자형 패턴과 결합한 60분봉 차트 매수 타이밍을 찾아낸다.

1. 다음 미국 주식에서 11월 12일 60분봉 차트의 어디가 매수 타이밍이며, 근거는 무엇인가?

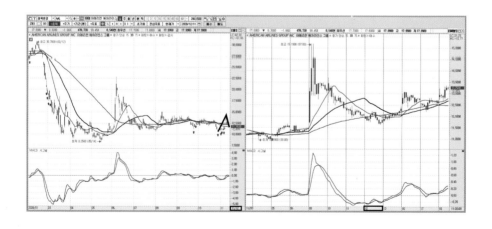

2. 다음 미국 주식에서 10월 28일 60분봉 차트의 어디가 매수
타이밍이며, 근거는 무엇인가?

3. 다음 중국 주식에서 10월 28일 60분봉 차트의 어디가 매수
타이밍이며, 근거는 무엇인가?

4. 다음 중국 주식에서 9월 10일 60분봉 차트의 어디가 매수
   타이밍이며, 근거는 무엇인가?

<table>
<tr><td rowspan="2">25강
26강
요약</td><td>1. N자형 패턴은 15, 33, 75 이동평균선 3개가 수평 상태가 되면서 보합권을 그리던 중 제일 아래에 위치하던 이동평균선이 나머지 2개의 이동평균선을 상승 돌파해야 한다.</td></tr>
<tr><td>2. 그 후 가격이 진정 국면을 보이며 첫 번째 또는 제일 아래 위치한 이동평균선에서 조정을 멈추고 올라가는 특성을 이용한 매수 타이밍이다.</td></tr>
</table>

27강

일봉과 월봉 차트를 결합한 장기 투자용 매수 타이밍/ 한국 주식

학습 목표

1. 장기 투자를 위한 매수 타이밍 포착 방법이다.
2. 지지 요인이 일봉 차트와 월봉 차트에서 동시에 발생한다.

1. 다음 차트를 보고 월봉 차트에서의 지지선을 근거로 일봉 차트의 어느 시점이 매수 타이밍인지 생각해보자.

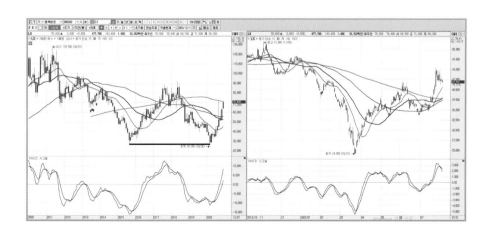

2. 다음 차트를 보고 월봉 차트에서의 지지선을 근거로 일봉

차트의 어느 시점이 매수 타이밍인지 생각해보자.

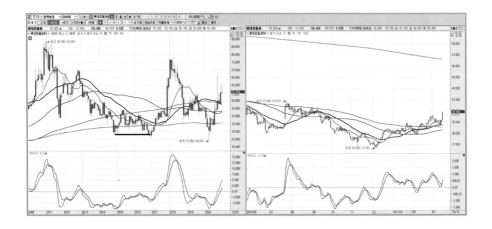

　주린이를 위한 한국/미국 주식 **매수의 정석**

28강

일봉과 월봉 차트를 결합한 장기 투자용 매수 타이밍/미국 주식 등

학습 목표

1. 장기 투자를 위한 매수 타이밍 포착 방법이다.
2. 지지 요인이 일봉 차트와 월봉 차트에서 동시에 발생한다.

1. 다음 미국 주식 차트를 보고 월봉 차트에서의 지지선을 근거
로 일봉 차트에서 매수 타이밍이 어느 시점일지 생각해보자.

2. 다음 미국 주식 차트를 보고 월봉 차트에서의 지지선을 근거
로 일봉 차트에서 매수 타이밍이 어느 시점일지 생각해보자.

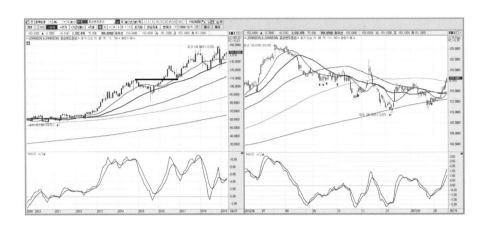

3. 다음 중국 주식 차트를 보고 월봉 차트에서의 지지선을 근거
로 일봉 차트에서 매수 타이밍이 어느 시점일지 생각해보자.

4. 다음 중국 주식 차트를 보고 월봉 차트에서의 지지선을 근거
로 일봉 차트에서 매수 타이밍이 어느 시점일지 생각해보자.

27강
28강
요약

1. 월봉 차트에서 그동안 익힌 일봉 차트 지지선과 같은 형태의 지지선
을 찾는다.

2. 월봉 차트 지지선 상황에서 일봉 차트상 매수 디버전스 현상이 발
생할 때를 매수 포인트로 인식한다.

29강

일봉 차트로 매매 ^{의사결정} 훈련하는 방법

학습 목표

1. 실제 시장에서 매매하기 전 최종 점검 단계다.
2. 현재까지 배운 매수 포인트 지점이 몸에 체득되어야 가능하다.

1. 다음 차트를 보고 현재 시점인 6월 26일 매매전략을 짜보자.

2. 다음 차트를 보고 현재 포지션을 보유하고 있다면 10월 19
　　일 현재 시점에서 고려해야 할 긍정적인 요소들과 부정적
　　인 요소들을 생각해 의사결정을 진행해보자.

일봉 차트로 매매 시뮬레이션을 진행할 때는 반드시 하루씩 앞으로 넘어가면서 진행해야 하고, 절대로 다음 봉을 보고 뒤로 돌아와서 의사결정을 하면 안 된다. 매수 타이밍이 올 수 있을 거라고 판단한 날, 지지선에 오면 매수하겠다고 의사결정을 한 뒤, 의사결정을 한 봉에 의사결정의 내용을 남긴다.

29강 요약

인연

우리가 산속으로 들어가 수도하는 것은
사람을 피하기 위해서가 아니라,
사람을 발견하는 방법을 배우기 위해서다.

우리가 사람들을 떠나는 것은
그들과 관계를 끊기 위해서가 아니라,
그들을 위해 최선을 다할 수 있는
그 길을 찾아내기 위해서다.

출처 : 법정, 《인연 이야기》, 문학의 숲, 2009

30강

5분봉 차트를 이용해서 손절 스탑 1% 이내로 매수 타이밍 잡는 방법

학습 목표

1. 일봉 차트에서 매매 근거가 되는 날 지지선에 대한 '기준가'를 설정한다.

2. 5분봉 차트에서 '기준가' 도달 시 매수 타이밍과 손절 지점을 설정한다.

1. 다음 차트를 보고 5분봉 차트에서 어디에서 매수하고 스탑을 얼마에 설정할지, 의사결정 훈련을 해보자.

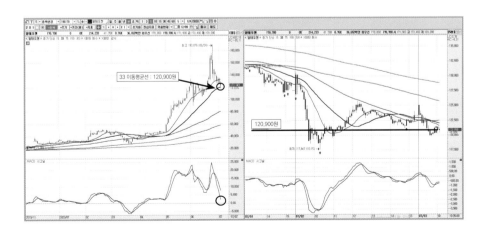

2. 다음 차트는 카카오의 일봉과 5분봉 차트다. 33 이동평균선
   과 P3를 근거로 이날 매매했다면 매수 타점으로 올바른 지
   점과 스탑은 얼마에 두었어야 했을지 생각해보자.

30강
요약

1. 5분봉 차트에서 매매 시뮬레이션을 할 때는 우선 일봉 차트의 지
   지선과 기준가를 체크한다.

2. 매수 방법은 60분봉 차트 매수 타이밍 조건과 동일하다.

3. 선물에서는 5분봉 차트 매수 타이밍이 중요하다.

31강

신용융자잔고를 이용한 매매 가설

학습 목표

1. 신용융자잔고 지표를 불러오는 방법을 안다.
2. 신용융자잔고를 매매에 활용하는 가설을 이해한다.

1. 다음 4개의 차트들은 가격이 떨어지면서 신용융자잔고가 늘어난 사례들이다. 각각의 차트에서 신용융자잔고 증가액 을 구해보고 신용융자잔고 증가액이 큰 순으로 나열해보자.

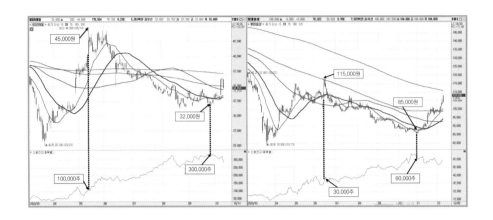

2. 다음 중 신용융자잔고 매매를 제대로 이해하고 있는 사람
   은 누구인가?

① **윤섭** : 가격이 상승할 때 신용융자잔고가 같이 상승하면 매
   수하는 방법이야.

② **지섭** : 가격이 지지선 근처까지 떨어졌을 때 신용융자잔고
   액이 고점 대비 약 50억 원 이상 늘어났다면 매수하
   는 거야.

③ **은섭** : 신용융자잔고액을 계산하는 방법은 늘어난 신용융자
   주수에 현재 가격을 곱하면 돼.

④ **우섭** : 만약 지지선에서 매수했는데 가격이 계속해서 빠진
   다면 신용융자잔고가 계속해서 늘어나고 있는지 확
   인하고, 그렇다면 다음 지지선까지 추가적인 매수를
   준비해야 돼.

⑤ **희섭** : 가격이 매수가에서 올라가면 계속해서 불타기를 통해
수익을 극대화해야 해.

**31강
요약**

1. 신용융자잔고는 보조지표가 아닌 실제 움직이고 있는 돈에 관한
지표다.

2. 일반적으로 가격이 오르면 신용융자잔고는 늘어나고, 가격이 떨
어지면 신용융자잔고는 떨어지기 마련이다. 하지만 특이하게도 가
격이 떨어지는데 계속해서 신용융자잔고가 늘어나는 현상이 발견
될 때가 있다.

3. 매수 디버전스 지표와 같은 개념으로 이해할 수 있다.

4. 반드시 다른 지지선들과 함께 사용해야 한다.

매매 일지 쓰기의 중요성 : 습관이 바뀌어야 운명이 바뀐다

1. 매매일지를 꼭 써야 하는 이유를 말할 수 있다.

매매일지 쓰기는 트레이딩에 얼마나 도움이 될까?

1. 사람을 변화시키는 심리의 논리적 구성, '스토리 편집'

사회심리학자인 티모시 윌슨(Timothy Wilson)은 자신의 저서 《Redirect》에서 사람의 변화를 연구했다. 그는 '스토리 편집(Story editing)'이라는 기법으로 사람의 행동을 '새로운 방향으로 변화'시킬 수 있다고 주장한다.

그의 연구에 의하면 습관을 바꾸는 일, 의지를 강화시키는 일, 강점을 키우는 일, 간절히 원하기 등을 통해서 개인의 혁신과 변화가 일어난다. 다만, 본인이 그런 일에 자발적으로 몰입할 때에 한해서만 그렇다고 한다. 자발적 참여와 몰입을 가능하게 하는 또 하나의 심리적 요인이 필요한데 그것을 '스토리 편집'이라고 한다.

예를 들면 어떤 트레이더가 이제부터 제대로 트레이딩을 하는 사람이 되겠다고 결심해서 몇 가지 나쁜 습관(손절하지 않기, 뇌동 매매 등)을 책상 앞에 적어놓고 고치기로 결심한다. 그러나 쉽지가 않다. 작심삼일로 끝내는 사람이 태반이다.

티모시 윌슨은 이런 실패의 원인을 스토리 편집의 부재로 설명한다. '스토리'란 이 사람이 그런 습관을 고쳐서 어떤 삶을 살겠다고 하는지에 대한 총체적 삶의 그림이다. 즉 손절을 꼭 하겠다는 결심만으로는 손절을 길들이기 어렵다는 것이다.

그러나 만약 "내 아내는 나만 바라보고 있고, 자식들은 아직 커나가는 중이다. 난 전문적인 트레이더로 거듭나서 그들을 부양해야만 한다. 그러려면 트레이딩의 핵심인 손절 방법을 반드시 몸에 익혀야 해"라는 삶의 계획, 즉 스토리가 분명하고 절박할수록 그 결심을 지킬 가능성이 높다는 것이다.

윌슨의 주장은 삶에 변화를 일으키고 싶으면 그 변화의 내용을 중심으로 해서 자기 삶 속에 전개되어야 할 이야기(Story)를 분명하고, 절실하게 창작(Editing)해내라는 것이다. 그는 이 스토리가 절실하고 합리적일수록 의도한 변화는 더 잘 일어날 수 있다고 장담하며, 그 구체적인 방법으로 글쓰기를 권하고 있다.

2. 나를 객관화시키는 글쓰기

끔찍한 사건을 목격한 소방관, 경찰관, 그리고 일반인에 대해서도 널리 사용되는 심리 치료법으로, CISD(Critical incident stress debriefing)라는 '위기상황 스트레스 해소활동'이 있다. 이 CISD는 정신적 외상을 겪은 사람들에게 가급적 빨리 감정을 분출하게 해서 감정을 차단하고, 억누르는 데서 오는 외상 후 스트레스 장애를 방지하는 것을 전제로 하고 있다.

보통 CISD 세션은 서너 시간 정도 진행되는데, 참석자들은 트라우마를 자신들의 관점에서 설명하고, 그 사건에 대한 생각과 감정을 표현하며, 현재 겪고 있는 신체적, 심리적 징후들에 관해 서로 이야기를 나눈다.

진행자가 있고 여럿이 같이 있는 장소에서 심리적 경험을 보고하는 이 방법은 효과적인 것처럼 보인다. 사람들이 감정을 억누르기보다 허심탄회하게 이야기하도록 유도하는 것이 좋은 일임은 분명하니까.

그런데 정말 그럴까?

실험심리학자들이 CISD의 실효성을 제대로 검증해보기까지는 상당한 시간이 걸렸다. 이 방법이 이롭다는 게 너무나 분명해 보인다는 사실도 하나의 이유가 되었다. 하지만 막상 실험으로 실시해보니 예상치 못한 사실이 발견되었다. CISD가 효과적이지 않을 뿐만 아니라, 오히려 과거의 기억을 '동결'시켜버리는 것과 같은 심리문제를 유발할 수도 있었던 것이다.

만약 글쓰기 요법을 썼다면 어땠을까?

사회심리학자 제임스 페니베이커(James Pennebaker)가 개척한 이 기법은 사람들을 무작위로 선별해 개인적인 트라우마나 그날 무엇을 했는지와 같은 일상적인 주제에 대해 글을 쓰게 하는 방식으로 실험했다. 단기적으로 사람들은 충격적인 경험에 대한 감정을 표현하기 고통스러워했다.

그러나 시간이 지나면서 글쓰기 요법을 실천한 사람들은 여러 가지 측면에서 나아진 모습을 보였다. 면역기능이 개선되었고, 병원을 방문할 가능성이 낮았으며, 대학에서 더 높은 학점을 받았고, 직장에 결근 일수도 적었다.

그러면 왜 CISD는 효과가 없고, 글쓰기 요법은 그렇게 강력한 힘을 발휘하는 걸까?

그것은 자신에게 벌어진 일에 대한 사람들의 해석과 관련이 있다. 글쓰기 요법은 CISD에 비해 사람들이 그러한 해석을 건전한 방향으로 전환시키도록 도와주기 때문이다.

수세기 동안 철학자들은 우리에게 영향을 미치는 것은 객관적인 세계가 아니라, 그 세계를 표현하고 해석하는 방식임을 인식하고 있었다. 사회심리학자들은 이러한 주관적인 해석이 무의식적으로 빠르게 형성된다는 중요한 조건을 추가했다.

우리에게 무슨 일이 벌어질 때 뇌는 신속하게 그 상황을 최대한 이해하려고 노력한다. 그 속도는 우리가 세계를 '관찰'하고 있는 것인지, '해석'하고 있는 것인지 분간할 수 없을 정도로 빠르다.

우리가 세상을 해석하는 방식은 굉장히 중요하다. 우리의 해석은 자기 자신과 사회에 대해 각자가 형성하는 내러티브(Narrative, 세상을 바라보고 해석하는 방식)에 뿌리를 두고 있다. 똑같은 상황을 두고도 감정을 추스르며 더 잘해야겠다고 스스로 동기 부여하는 이가 있는가 하면, 비관적인 사고의 틀에 빠져 허우적대는 경우가 있는 것은 바로 이 때문이다.

사람의 자아관은 여러 해 동안 가족 관계와 사회적 관계, 문화적 영향에 의해 형성되므로 그러한 관점이 하룻밤 사이에 뒤집힐 것이라고 기대할 수는 없다. 이유 없이 반항하는 10대 자녀에게 부모가 잔소리한다고 바뀌지 않는 것처럼 "부디 당신 자신에 대한 관점을 바꿔보세요"라고 통사정한다 한들 그렇게 될 리 만무하다.

내러티브를 수정하려면 겹겹이 쌓인 유화물감을 벗겨내고, 새 캔버스 위에 처음부터 다시 시작해야 한다. 그만큼 어마어마한 과업이라는 뜻이다.

3. 글쓰기는 스스로 행동하노록 놉는다

스토리 편집(Story editing)이란 용어는 사람들이 자기 자신과 사회에 대해 오랜 기간 형성해온 개인적 내러티브를 그 대상으로 삼겠다는 뜻을 담고 있다. 소설의 시작 부분에서 몇 가지 핵심적인 사항을 바꾸면 이어지는 줄거리 전체가 바뀌는 것에 비

유할 수 있다.

이 스토리 편집은 어떤 식으로 진행될까? 바로 페니베이커의 글쓰기 요법에서처럼 사람들이 자신의 내러티브를 직접 방향 전환하게 하는 것이다. 이 접근법은 인생의 어떤 중요한 사건에 대해 조리 있게 해석을 내리지 못하는 사람들에게 유용하다. 이해도 되지 않고, 생각하기도 싫은 어떤 일이 벌어졌을 경우에 말이다. 손절을 걸지 않고 버티다가 막대한 손실을 보며 트라우마에 빠진 트레이더가 좋은 예가 될 것이다. 사람들은 그런 일을 재빨리 잊어버리려고만 하기 때문에 그것을 제대로 설명하거나 받아들이는 방법을 터득할 가능성이 더욱 낮아진다.

글쓰기 요법은 사람들이 그런 사건을 재해석하게 만드는 효과적인 도구가 된다. 글쓰기 요법은 한 걸음 물러서서 벌어진 일을 다른 틀로 재구성해볼 기회를 갖는 것이다.

실제로 글쓰기 요법으로 가장 큰 효과를 보는 사람들은 처음에 충격적인 사건에 대해 두서없이 무질서하게 끄적거리기 시작하다가 결국에는 일관성 있는 줄거리를 완성하고 그 사건에 의미를 부여하는 사람들이다. 이 시점에 이르면 그 사건이 당사자의 생각 속으로 불쑥 침범할 가능성이 낮아지고, 그것을 억누르느라 심적 에너지를 허비할 필요도 없어진다.

작가이자 평론가인 수전 손택(Susan sontag)은 본인의 일기에 '나는 나 자신을 정의하기 위해 글을 쓴다. 그것은 자기 창조(Self Creation) 행위이며 나 자신이 되어가는 과정의 일부다'라고 적었다.

물론 글쓰기 요법이 모든 심리 문제에 대한 마법과 같은 해결책은 아닐 것이다. 그렇다고 할지라도 글쓰기 요법은 다양한 부류의 트라우마 경험자들에게 놀랄 만한 효과를 보이는 것으로 입증되었다.

《시크릿》과 같은 자기계발서는 우리가 안락의자에 앉아 원하는 것에 대해 생각하기만 하면 그것이 마법처럼 우리에게 다가올 것이라고 이야기한다. 이 책의 위험성이 여기에 있다. 살을 빼고 싶으면 다이어트를 하라거나 시험을 잘 보고 싶으면 공부를 하라는 식으로, 사람들에게 실제로 어떤 행동을 취하지 않아도 된다고 조언하고 있기 때문이다. 긍정적인 생각을 하기만 해도 원하는 것을 얻을 수 있다는데 다이어트나 공부가 무슨 필요가 있겠는가.

반면 자신이 원하는 최고의 자화상 같은 것을 글쓰기로 표현하는 방법은, 단순히 긍적적인 생각을 주입시키는 데 머물지 않고 사람들이 자신에게 득이 되는 방향으로 '행동'하기 쉽도록 사건 해석 방식을 바꾸어 놓는다.

예를 늘어 낙관수의자들은 성공할 수 있다는 확신 때문에 다이어트를 계속할 가능성이 높다. 더 열심히 공부하면 성적을 올릴 수 있으리라고 믿는 대학생은 실제로 더 열심히 공부한다.

증권 시장에서 트레이딩 훈련을 하고 있든, 실전 매매를 하고 있든, 매일 꼼꼼하게 일지를 써야 하는 이유가 여기에 있다.

장 마감 후 휴식을 취한 다음 객관적인 시각으로 자신의 매매를 돌아보며 잘잘못을 살피고 유사 상황에서 앞으로 어떻게 대처해야겠다고 트레이딩을 재구성해보는 시간을 매일매일 갖는다면 그렇지 않은 경우보다 더 나은 트레이딩을 하게 될 가능성이 높다.

4. 구체적인 준비는 구체적인 결과를 이끈다

훈련과 연습의 중요성은 아무리 강조해도 지나치지 않는다.

피겨그랑프리대회, 사대륙선수권대회, 세계선수권대회 그리고 이어지는 올림픽을 석권하며 그랜드 슬램을 이룬 김연아 선수는 매일 몇 시간의 연습을 거른 적이 없다. 무명이던 어린 시절에 그랬고, 최정상에 오른 이후에도 기량을 유지하기 위한 일상적인 훈련은 변함이 없었다.

세기의 발레리나 강수진(현 국립발레단장) 또한 독일 슈투트가르트 발레단에서 그 계통의 나이로는 한참 전에 은퇴했을 법한 47세의 나이까지 현역활동을 했다. 그것이 가능했던 것은 하루도 빠지지 않는 연습으로 몸 관리를 철저히 한 데 있었다.

첼로의 성자 파블로 카잘스(Pablo Casals(1876~1973), 스페인)도 연주 활동 내내 노구를 이끌고 하루도 연습을 빼먹지 않았다고 한다. 반복되는 일상의 연습에서 "오늘 내가 어제보다 조금 더 나아진 것 같다"고 했단다. 하물며 감당하기 힘든 시장을 상대로 외로운 싸움을 벌여야 하는 트레이더가 훈련을 게을

리한다면 어떻게 될까? 트레이더에게는 전담 지도해주는 코치나 매니저가 있는 것도 아니다. 스스로 방법을 연구하며 헤쳐나가야만 한다.

선수가 경기 영상을 되돌려보며 훈련에 반영하듯, 연주자가 자기 연주를 들어보며 보완 연습할 점을 찾듯, 트레이더에게는 자신이 행한 매매를 객관적, 논리적으로 되돌아보는 복기가 대단히 중요한 훈련이 된다. 철저한 복기와 함께 그에 따른 행동교정에 정성을 쏟는 만큼 그의 미래가 달라지지 않을까?

부정적인 사건을 스스로 조절하고 변화할 수 있는 요소들로 돌리는 사람들은 우울증이나 좌절에 빠질 가능성이 상대적으로 낮고, 건강에 문제가 생길 가능성도 낮으며, 어려운 상황이 닥치더라도 더 열심히 노력할 가능성이 크다.

이처럼 개인의 내러티브를 긍정적인 방향으로 돌려주는 데 일기 또는 일지가 중요한 역할을 한다. 트레이딩을 하다 보면 어떤 때는 며칠 연속해서 손실을 보며 슬럼프에 빠질 수도 있다. 그러나 하루도 거르지 않고 나를 돌보는 일지 쓰기는 이런 어려움도 빠르게 벗어날 수 있도록 도움을 줄 것이다.

사람의 '생각'이란 불연속석이고, 뜬구름 같은 것이어서 구체적으로 기록하며 돌이켜보지 않는 한 좀처럼 정리되지 않는다. 매일매일 일지를 적어가며 결심을 다지고 실행하는 사람이 머릿속 결심만으로 행동하는 사람보다 지속성이 높고, 달성 가능성이 높을 것임은 자명하다.

머릿속 결심은 백날 해봐야 헛일이 되고 만다. 컴퓨터의 메인 메모리처럼 재부팅만 하면 지워지는 일회성 기억과 같기 때문이다. 반면 일기나 일지로 연일 다져가는 결심은 무의식에 기록해서 영구보존하는 것과 같으며, 의식하지 않아도 반사적 행동으로 옮겨질 가능성이 크다.

필자는 《트레이딩은 트레이닝이다》에서 '매매 일지 작성은 트레이닝의 완성'이라고 이야기한 적이 있다. 가감 없이 자신을 보여줘야 살 수 있으며, 그 이유로는 겸허하게 자신을 표현하는 사람만큼 더 많이 배우고 느끼는 사람은 없기 때문이다. 또한 일지는 자유로운 형식으로 쓰면 되지만, 반드시 포함되어야 할 요소로는 진입시점과 진입근거, 손절이나 익절 가격, 매매 시점의 차트, 객관적인 자기반성, 향후 전략을 언급했다.

앞서 말했듯, 나를 드러내는 글쓰기의 효과는 과학적으로 입증됐다. 새 출발하고 싶고, 잘못된 습관을 고치고 싶다면 절박함을 가지고 꼼꼼하게 매매 일지를 적기를 바란다. 개인의 내러티브를 긍정적인 쪽으로 돌려주고 일상에서 실현될 수 있도록 도와주는 글쓰기, 즉 일지를 적으며 자신을 들여다보는 일과는 소망하는 것을 이룰 수 있는 핵심 습관이 될 것이다. 나아가 향후 인생 전체를 바꿀 수도 있는 습관이 될 것이다.

33강 미국 주식 시작하기 1 - 계좌 개설/환전/ 매수매도 방법 Feat. 슈퍼트레이더

학습 목표

1. 내 계좌를 개설하는 방법을 안다.
2. 환전, 매수, 매도 등 HTS 기능들을 익힌다.

1. 계좌 개설

먼저 스마트폰의 구글 플레이 스토어나 앱 스토어를 열어서 '키움증권 계좌개설'이라는 어플을 다운로드 받고 실행한다.

앱을 실행하면 '계좌개설 시작하기'라는 메뉴가 있다.

증권계좌를 비대면으로 개설할 수 있게 해주는 메뉴다.

먼저 증권계좌를 만들기 위해 '계좌개설 시작하기' 메뉴를 누른다.

키움 계좌를 개설하기 위해서는 준비물이 있다.

휴대폰, 신분증(주민등록증이나 운전면허증), 그리고 일반 은행 계좌가 필요하다.

준비가 다 되었다면 시작하기 버튼을 누른다.

1번 항목은 우리가 거래할 상품은 주식이기 때문에 '종합' 체크박스를 선택하면 된다.

그리고 2번 항목은 계좌 비밀번호 숫자 4자리를 입력해주고 다음 버튼을 누르면 된다.

그리고 나면 신분증을 촬영하는 화면이 나오는데, 신분증을 촬영하고 나서 본인 확인 방법을 선택해주면 된다.

영상통화가 어색하다면 '계좌확인'을 선택한다.

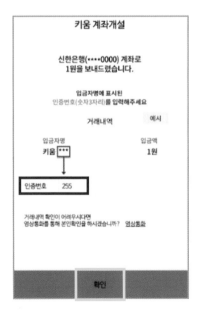

계좌확인을 선택했다면 다음 화면에서 본인의 계좌에 키움증권 입금자명으로 1원을 보냈다는 내용이 나온다.

만약 신한은행 계좌를 입력했으면, 해당 계좌에 가서 키움에서 들어온 1원을 확인하고, 입금자명에 있는 키움 ○○○ 숫자 세 자리를 기억해 둔다.

해당 숫자 세 자리를 인증번호로 입력하고, 확인 버튼을 누르면 된다.

이렇게 키움증권 계좌가 정상적으로 개설된 것을 확인할 수 있다.

증권계좌를 만들었으니 다음으로 우리가 해야 할 것은 증권용 '공인인증서'를 만드는 것이다.

'SignKorea' 공인인증서는 키움증권 계좌 개설 앱의 하단 메뉴에서 만들 수 있다.

일반적인 공인인증서를 만드는 것과 절차가 동일하기 때문에 어렵지 않게 만들 수 있다.

다음으로 '영웅문 글로벌'
앱을 실행시키고, 메뉴 버튼을
누른다.

메뉴 버튼을 누르면 '공인인
증센터' 메뉴가 나온다.

'공인인증센터' 메뉴를 누른다.

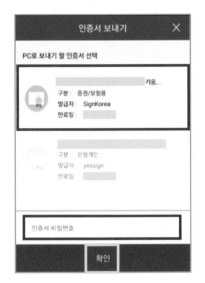

그리고 조금 전에 만든 'Sign Korea' 증권/보험용 인증서를 선택하고 비밀번호를 입력한 후 확인 버튼을 누른다.

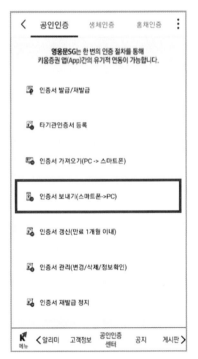

다음으로는 '인증서 보내기 (스마트폰 → PC)'를 선택한다.

여기까지 한 후에는 컴퓨터를 켜고 인터넷에 'www.kiwoom.com/smart'로 접속한다.

접속하면 앞과 같이 공인인증서 관련 페이지가 나온다.

'스마트폰 공인인증서' 메뉴를 선택한다.

다음으로 '스마트폰 → PC 인증서 복사하기' 버튼을 클릭한다.

PC에서 승인번호 12자리가 나올 텐데,

이 12자리 숫자를 스마트폰에 그대로 입력한다.

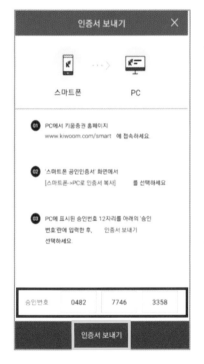

옆에 사진과 같이 12자리 숫자를 스마트폰에 입력하고

'인증서 보내기' 버튼을 누른다.

이렇게 하면 계좌개설과 공인인증서가 정상적으로 PC와 스마트폰에 설치된다.

2. 환전

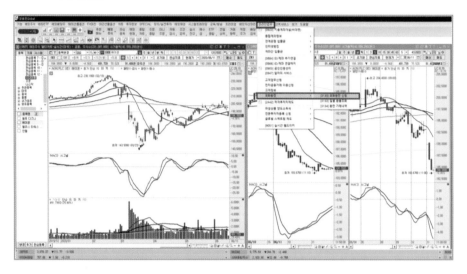

HTS를 실행한 후 온라인업무 > 외화환전 > 외화환전 신청 버튼을 누르거나, 왼쪽 상단 검색창에 3130을 입력한다.

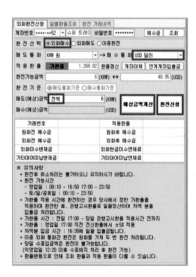

왼쪽 사진과 같은 창이 실행되었다면, 원화에서 달러로 환전할 것이기 때문에 환전선택은 '외화매수', 매수통화는 '달러'를 선택한다.

'전액' 버튼을 클릭하고 '예상금액계산'을 눌러서 확인한다.

확인 후, 금액이 맞으면 '환전신청'을 누른다.

3. 매수·매도 방법

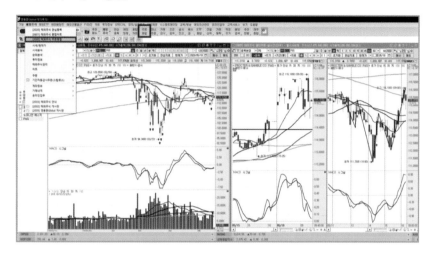

주식을 매수하기 위해서는 '주문 종합' 창을 열어야 한다.

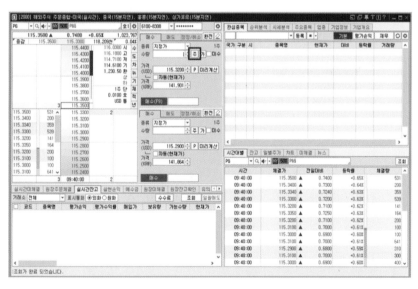

앞과 같은 창을 현재 창이라고 하며, 이곳에서 주식을 매수/
매도할 수 있다.

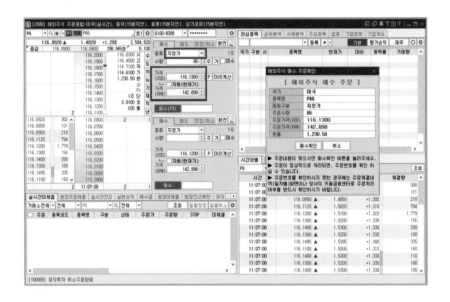

원하는 주문 종류와 주문 수량을 입력하고, 주문 종류가 지정
가라면 원하는 매수가격을 입력한다.

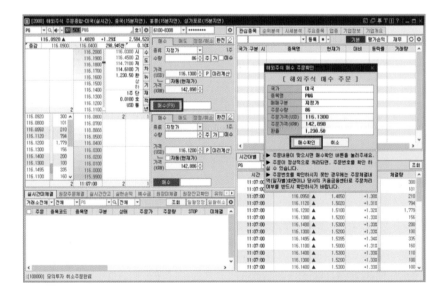

이후 매수 버튼을 클릭하면 주문 확인 창이 나온다. 주문 정보를 확인하고 맞으면 매수 확인을 누른다.

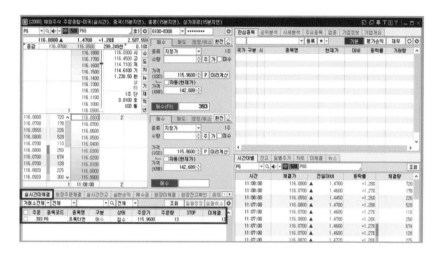

주문이 완료되었다면 주문이 체결되기 전까지 실시간 미체결에서 주문 내역을 볼 수 있다.

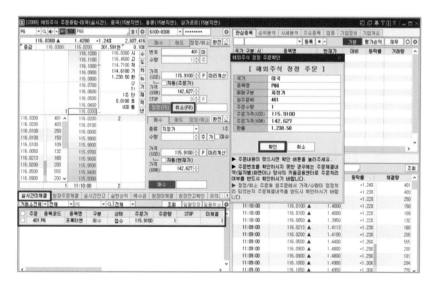

만약 주문이 체결되기 전, 주문을 취소하고 싶다면 실시간미체결 > 미체결 주문 클릭 > 정정/취소 메뉴 클릭 > 최소 버튼 클릭 > 정정 주문 창에서 확인 버튼 클릭으로 넣은 주문을 취소할 수 있다.

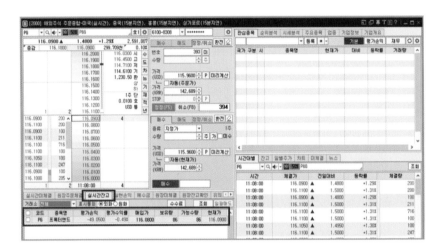

주문이 체결되었다면 실시간 잔고를 통해 실시간 손실/이익 을 확인할 수 있다.

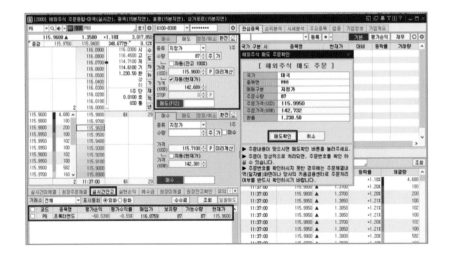

매도하는 방법은 실시간 잔고 메뉴 클릭 > 매수 종목 클릭 > 매도 창에서 수량, 가격 입력 후 매도 버튼 클릭 > 매도 확인 버튼 클릭순으로 진행하면 된다.

34강 미국 주식 매매하기 2 - 손절 스탑 설정/바스켓 구성하기 Feat. 슈퍼트레이더

학습 목표

1. 자동감시주문 기능을 익힌다.
2. 조건검색 기능을 통해서 바스켓을 구성한다.

1. 손절 스탑 설정

스탑은 생명선이다. 손실을 제한하기 위해서는 주식을 매입한 직후 자동감시주문 기능으로 자동 스탑 로스를 설정해야 한다.

HTS에서 '자동감시' 버튼은 클릭한다.

그러면 그림과 같이 '자동감시주문' 창이 뜨는데, 이익 실현,
이익 보존, 손실 제한 세 가지 기능이 있다.

① **이익 실현** : 내가 원하는 가격을 지정해두면, 해당 가격까지
주가가 오를 때 자동으로 시스템이 익절해준다.
② **이익 보존** : 이익 실현 가격까지는 못 올라가서 가격이 떨어질
경우, 이익 보존 가격에서 자동으로 시스템이 매도해준다.
③ **손실 제한** : 내가 원하는 가격을 지정해두면, 해당 가격까지
주가가 떨어질 때 자동으로 시스템이 손절해준다.

기본적으로 앞의 세 가지 개념을 이해한 상태에서 본격적으로 사용법을 설명하겠다. 먼저 아래 붉은색 부분을 클릭하면 스탑 로스 창에 내가 매수한 종목의 정보가 뜬다.

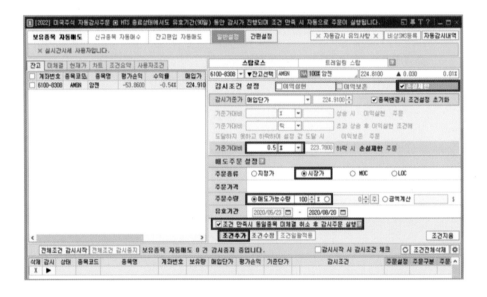

일단 손실 제한 버튼을 클릭 > 기준가 대비 몇 % 떨어지면 자동 매도할지 입력 > 시장가 버튼 클릭 > 매도가능수량 100% 클릭 > 조건 만족 시 동일 종목 미체결 취소 후 감시주문 실행 버튼 클릭 > 조건 추가 클릭 > 확인을 클릭한다.

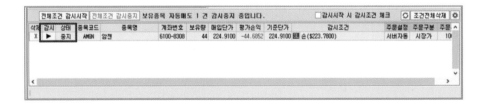

이후 하단에 자동매도 목록이 생기는데, 감시 ▶ 버튼을 클릭해서 활성화한다.

2. 바스켓 구성하기

주식을 거래하기 위해서는 자신만의 바스켓을 구성해야 한다. 좋은 바스켓을 가지고 있을수록 매매에 성공할 확률이 높기 때문이다. 바스켓에 넣어야 하는 종목의 기준을 먼저 설명하고, 종목을 어떻게 바스켓에 담는지 설명드리도록 하겠다.

먼저 미국 주식은 거래대금 300억 원 이상, 주가 30달러 이상, 월봉 차트 10년 치 우상향, 이렇게 세 가지 조건을 보고 바스켓을 추려야 한다. 기준에 부합하는 종목을 찾기 위해 '조건 검색' 기능을 이용한다.

우선, HTS의 좌측 상단 '화면 찾기'에 2028을 입력한다.

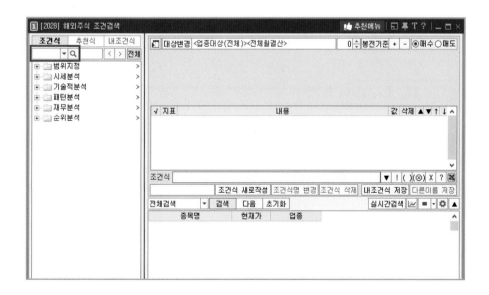

입력하면 앞과 같은 창이 실행된다.

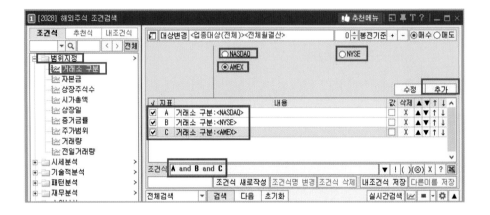

우선은 범위지정에 들어가서 NASDAQ, NYSE, AMEX 3개의
거래소들을 하나씩 체크한 후에 추가를 눌러준다.

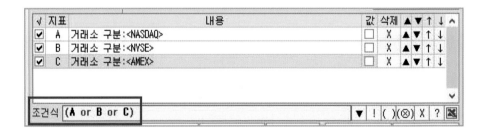

그리고 3개의 거래소를 모두 관심 종목에 넣을 것이니 조건식
을 앞과 같이 만들어준다.

다음은 주가 범위 조건이다.

앞과 같이 주가 30 이상 조건을 추가한다.

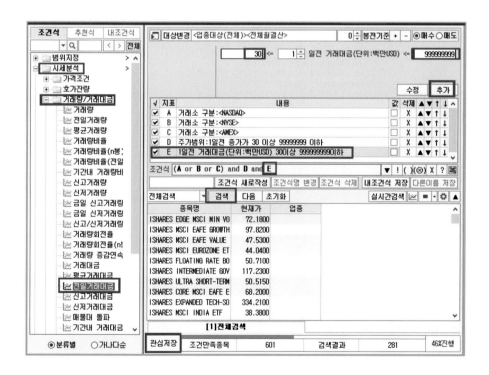

다음으로 거래대금 조건을 추가한다. 이후 검색을 누르고, 관심저장을 누른다.

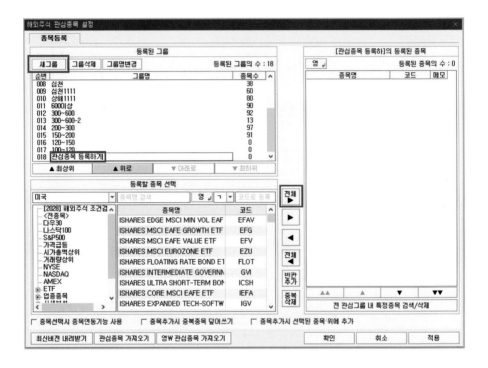

조건 검색으로 선별한 종목들을 관심종목으로 저장하는 단계다.

앞과 같이 새 그룹을 하나 만들고 '전체 ▶' 버튼을 눌러준다.

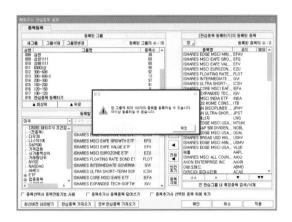

100개가 넘는 종목은 한번에 담을 수 없다. 최대 100개의 종목만 하나의 그룹에 들어가기 때문에 새 그룹을 추가해 남은 종목들도 같은 방법으로 담아준다.

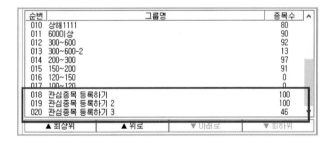

이런 식으로 관심종목 등록이 완료되었다면 이제 확인 버튼을 눌러주면 내 관심종목에 저장된 것을 확인할 수 있다.

이제 관심종목을 하나씩 보면서 월봉 차트 10년 추세가 우상향인 종목들만 내 관심종목에 담아두고 나머지 종목들은 삭제한다.

선물 기초

1. 〈패턴매매기법〉의 매매방법은 선물 매매에서 기원한다.
2. 선물의 유래에 대해 설명할 수 있다.
3. 공매도의 개념을 이해한다.

1. 선물의 유래 : 밭떼기

2. 공매도의 개념 : 매도를 먼저 할 수 있는 이유
  2-1. 현재 삼성전자 1주의 시장가 – 6만 원
  2-2. 키움증권에 10만 원(보증금)만 있는 사람이 삼성전자
  가 향후 하락할 것이라고 예상한다면 키움증권에서
  삼성전자 1주를 차입 후 시장에 바로 매각한다.

현재 10만 원 + 삼성전자 매각대금 6만 원=16만 원

2-3. 예상대로 가격이 5만 원으로 하락하면?

삼성전자 1주 매입(5만 원) 후 키움증권에 1주 갚고, 잔고는 11만 원이 된다.

2-4. 반대로 삼성전자가 8만 원으로 하락하면?

삼성전자 1주 매입(8만 원) 후 키움증권에 1주 갚고, 잔고는 8만 원이 된다.

3. 선도거래(Forward contract)와 선물거래(Futures contract) 차이

4. 만기 개념이 존재

5. 스프레드가 존재하는 이유

6. 정상 시장 - 콘탱고 시장(Contango Market)

7. 비정상 시장 - 백워데이션 시장(Backwardation Market)

권토중래(捲土重來)

한번 싸움에 패했다가 다시 힘을 길러 쳐들어오는 일, 또는 어떤 일에 실패한 뒤 다시 힘을 쌓아 그 일에 재차 착수하는 일이다.

이 말은 당(唐)나라 말기의 대표적 시인 두목(杜牧)의 칠언절구《제오강정(題烏江亭)》에서 항우(項羽)의 자살을 애석히 생각해 "勝敗兵家事不期 包羞忍恥是男兒 江東子弟多才俊 捲土重來未可知(승패는 병가도 기약하지 못한다. 부끄러움을 안고 참을 줄 아는 것이 사나이다. 강동의 자제에는 뛰어난 인물도 많은데 흙먼지를 일으키며 거듭 쳐들어왔으면 알 수 없었을 것을)" 하고 읊은 데서 비롯되었다.

36강 청소년에게 투자 교육을!

1. 돈과 투자에 대한 교육 - 장영한, 윤강로(압구정미꾸라지)

2. 인문학적 투자 서적/토론 및 명상 투자 게임 - 책추남TV님

3. 시스템 매매/코딩 교육

4. 정보 통계학과 입학 후 퀀트 매매 교육 - 이승주 박사
   * 퀀트 시스템 매매란?

5. 해외 하버드, 예일 등 유명 대학원 입학 또는 퀀트 트레이
   더로 육성

?

정 답
풀 이

1.

〈삼성전자 일봉 차트〉

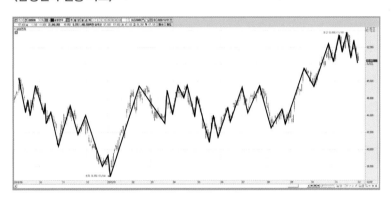

〈애플 일봉 차트〉

〈상해전력 일봉 차트〉

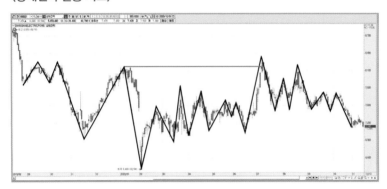

2. ① 철수

〈풀이〉

② 영희 : 기술적 분석은 범용성이 있어야 한다(강의를 통해 기술적 분석이 어떻게 모든 시작에서 동등하게 적용되고 있는지 확인할 수 있다).

③ 지숙 : 큰 변곡점일수록 더 많은 사람들의 눈에 띄기 때문에 더욱더 중요한 지지와 저항이 된다.

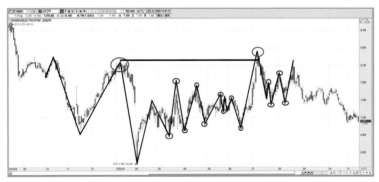

(붉은색 변곡점, 파란색 변곡점들보다 더 중요한 변곡점이다.)

④ 준기 : 기술적 분석은 남녀노소를 불문하고, 누구든지 꾸준한 훈련을 통해 얼마든지 정복할 수 있다.

3강

1. ③

2. ③ 영철

① 철수 : 일봉 차트는 2~3개월의 짧은 기간보다는 1년 정도의 기간을 봐야 한다.

② 이주 : MACD는 이동평균선을 근간으로 만들어진 지표이기 때문에 가격을 선행할 수 없다.

④ 기태 : 컴퓨터가 발전하기 전에도 추세를 판단할 수 있었다.

⑤ 세빈 : MACD만으로 매매할 수 없다.

3. 가격 이동평균 − 15, 33, 75, 150, 300

　　MACD − 5, 20, 5

4. 왼쪽

4강

1. 10,000 이상 9999999999 이하

　3,000 이상 999999999999 이하

2. 명확한 정답이 있는 것은 아니다. 하지만 그 가운데 바스켓을 구성한다면 누구나 인정할 수 있는 상승추세인 에스원과 이노와이어리스 2개만 바스켓에 구성할 것이다.

3. 이미 바스켓을 설정할 때 하루 거래대금 30억 원 이상, 주가 10,000원 이상으로 하기 때문이다.

4. 강의 12분~16분 참조.

5강

[○, × 퀴즈] ○

1. 카카오 추세선

2-1. 현대제철 전고

2-2. 네이버 전고

2-3. 코스피 전고점 지지 반대 – 전저점 저항

3-1. NH투자증권 갭 지지

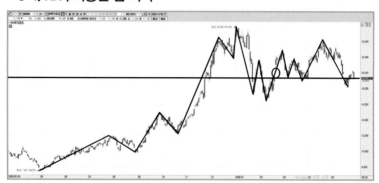

3-2. 네이버 갭 저항

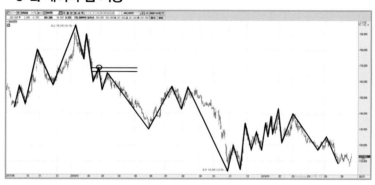

3-3. 애플 갭 지지 갭 저항

4-1. 코스피 피보나치

4-2. 카카오 피보나치

응용문제 1.

응용문제 2.

6강

1. ① 명수

〈풀이〉

② 달수 : 시장에는 관성의 법칙이 존재하기 때문에 상승추세
의 종목이 계속해서 상승해 나갈 것이라고 믿고 상
승추세의 차트에서 매매한다.

③ 은미 : 패턴매매기법은 보합이 아닌 추세가 존재하는 차트
에서 매매한다.

④ 봉수 : 물리 공부를 하는 것과 매매를 하는 것은 큰 연관성
이 있지 않다.

⑤ 인수 : 패턴매매기법에서는 기업분석이 아닌 가격분석만
한다.

1. A : 패턴 1

   B : 패턴 3

   C : 패턴 2

2. 추세, 추세

3. ③ 종숙

〈풀이〉

상승추세의 종목도 패턴 2의 깊은 가격조정을 받으면 MACD
가 0선 아래로 깊게 내려가기도 한다.

1. ②

2. 마지막 동그라미

1.

오답 : 빨간색(큰 변곡점이 아니기 때문)
정답 : 검정색

2. ②, ⑤

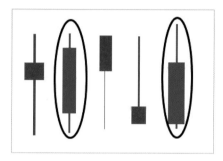

3. ④

〈풀이〉

도지는 몸통과 꼬리의 길이만을 비교한다.

10강

1. 중국 주식 차트 사례

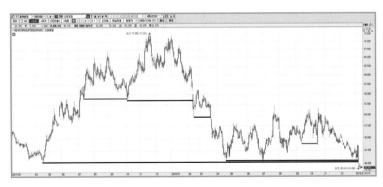

2. 미국 주식 차트 사례

1. 아래 / 상승 / 하락해야(낮아져야) / 2, 1

2-1.

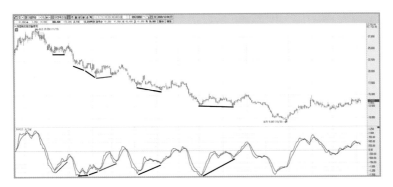

2-2.

1.

1) 중국 주식 차트 사례

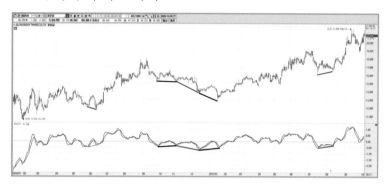

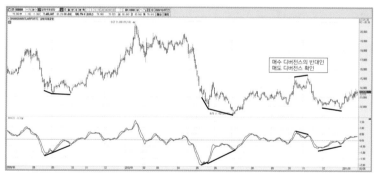

2) 미국 주식 차트 사례

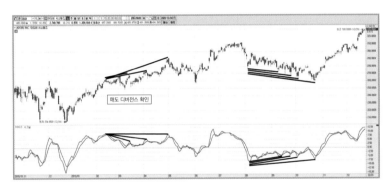

13강

1.

1. 미국 주식 차트 사례

2. 중국 주식 차트 사례

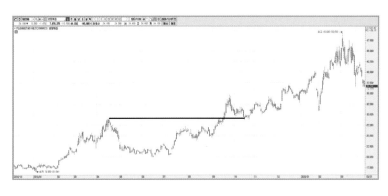

1.

2. 가격이 하락하면서 MACD가 0선 근처로 내려온다면 33이 평선과 75이평선을 기준가로 정할 수 있다. 하지만 보수적 인 접근으로 75이평선과 33이평선의 간극이 크지 않기 때문에 75이평선을 기준가로 75이평선까지 내려왔을 때 매수 의사결정을 해본다.

3. 중국 주식 차트 사례

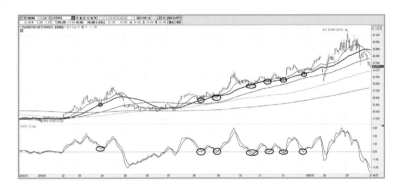

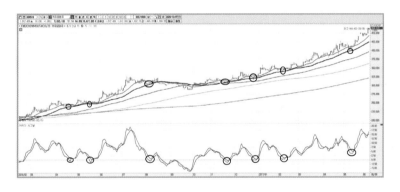

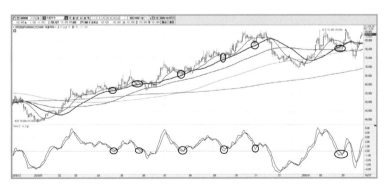

4. 미국 주식 차트 사례

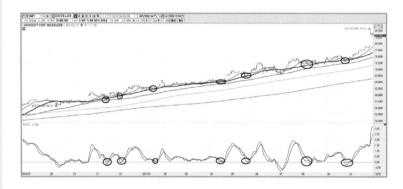

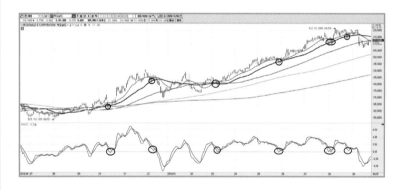

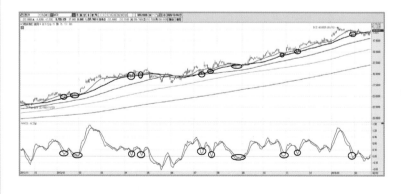

주린이를 위한 한국/미국 주식 **매수의 정석**

1.

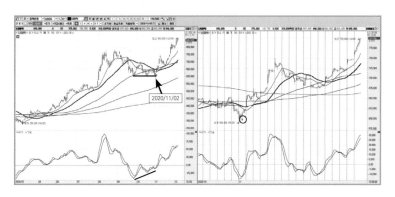

일봉 차트에서 이중바닥과 매수 디버전스, 매수 시그널 발생
60분봉 차트에서 매수 시그널 발생

2.

첫 번째 매수 타이밍 : 2020년 8월 31일

일봉 차트 이중바닥 발생 이후 매수 시그널 발생
60분봉 차트 매수 디버전스 이후 매수 시그널 발생

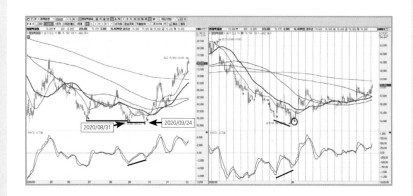

두 번째 매수 타이밍 : 2020년 09월 24일

일봉 차트에서 이중바닥, 매수 디버전스 이후 매수 시그널 발생
60분봉 차트에서 매수 시그널 발생

3.

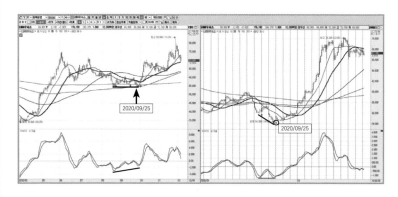

일봉 차트에서 이중바닥과 150일 이동평균선 지지 이후 매수
디버전스, 매수 시그널 발생
60분봉 차트도 매수 디버전스 이후 매수 시그널 발생

4.

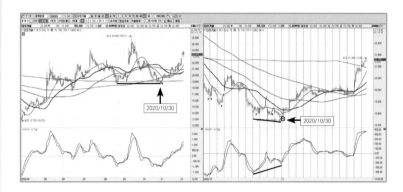

　일봉 차트에서 이중바닥과 300일 이동평균선 지지 후 매수 시그널 발생

　60분봉 차트도 매수 디버전스 이후 매수 시그널 발생

17강

1.

　일봉 차트에서 2020년 8월 19일 이중바닥

　60분봉 차트에서 매수 시그널 발생

2-1.

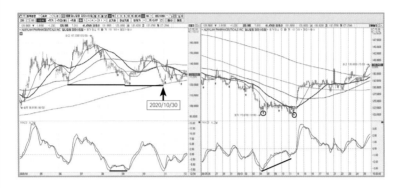

일봉 차트에서 2020년 9월 4일 첫 번째 이중바닥과 매수 디버전스

60분봉 차트에서 3일간 같은 가격대에서 머물다가 매수 시그널 발생

2-2.

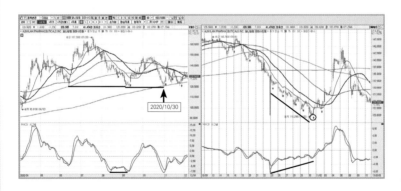

일봉 차트에서 2020년 10월 30일 두 번째 이중바닥과 300일 이동평균선 지지

60분봉 차트에서 매수 디버전스 후 매수 시그널 발생

3.

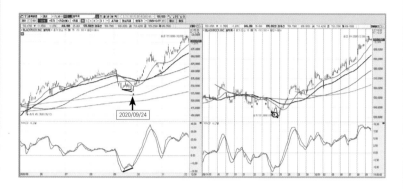

일봉 차트에서 이중바닥과 매수 디버전스 발생

60분봉 차트에서 매수 시그널 발생

4.

2020년 6월 30일 일봉 차트에서 이중바닥 지지

같은 날 60분봉 차트에서 매수 시그널 발생

1.

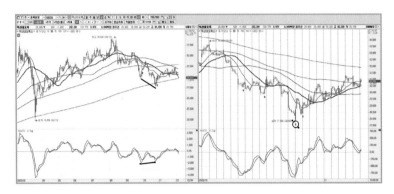

　일봉 차트에서 300일 이동평균선이 지지하고 매수 디버전스 발생

　60분봉 차트에서 동그라미 한 시그널에서 매수 타이밍 발생

2.

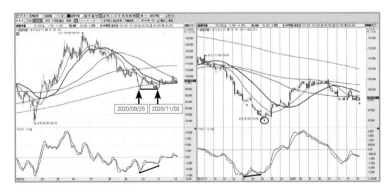

　첫 번째 매수 타이밍 : 2020년 9월 25일

　일봉 차트에서 300일 이동평균선이 지지하고 60분봉 차트에서 매수 디버전스 발생 이후 매수시그널 발생

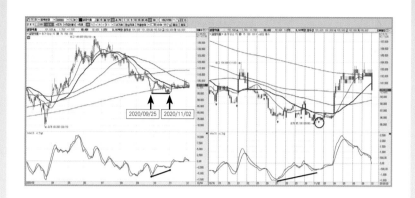

두 번째 매수 타이밍 : 2020년 11월 2일

일봉 차트에서 이중바닥이 지지하고 매수 디버전스 발생

60분봉 차트에서도 매수 디버전스 발생 이후 매수시그널도 발생

3.

일봉 차트에서 150일 이동평균선과 이중바닥이 지지하고 매수 디버전스도 발생

60분봉 차트에서 매수 시그널 발생

4.

일봉 차트에서 이중바닥이 지지하고 매수 디버전스 발생

60분봉 차트에서도 매수 디버전스 발생 후 매수시그널 발생

19강

1.

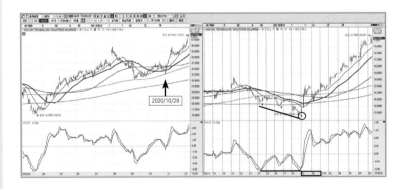

2020년 10월 28일

일봉 차트에서 150일 이동평균선이 지지하는 매수 타이밍

60분봉 차트에서 매수 디버전스 발생 후 다음 날은 10월 29에 매수 시그널 발생

2.

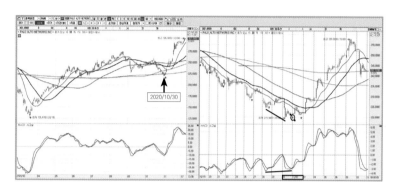

2020년 10월 30일
일봉 차트에서 300일 이동평균선이 지지하는 매수 타이밍
60분봉 차트에서 매수 디버전스 발생, 다음 날인 11월 2일에 매수 시그널 발생

3.

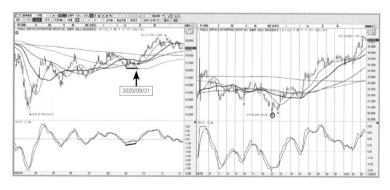

2020년 9월 21일

일봉 차트에서 이중바닥과 150일 이동평균선이 지지하며 매수 디버전스 발생

60분봉 차트에서 같은 날 매수 시그널 발생

4.

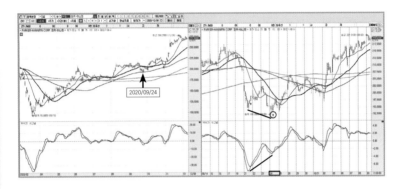

2020년 9월 24일

일봉 차트에서 75일 이동평균선이 지지하는 매수 타이밍

60분봉 차트에서 같은 날 매수 디버전스가 나오며 매수 시그널까지 발생

1.

21일 첫 번째 시그널, 스탑 - 20일 저점인 102,000원 아래

2.

3일 첫 번째 시그널, 스탑 - 3일 저점인 148,400원 아래

1.

24일과 25일 60분봉 차트에서 발생한 3번의 시그널, 스탑 - 3번 모두 24일의 저점 아래

2.

23일 60분봉 차트 매수 디버전스와 시그널이 발생했을 때 2회, 다음 날인 24일 첫 번째 시그널

스탑 - 24일 저점 아래

3.

19일 MACD 골든크로스 지점
스탑 - 19일 저점 아래

4.

　9일 60분봉 차트 첫 번째 봉에서 전고점까지 내려왔다가 지지받고 올라가는 것을 확인한 이후 스탑 - 9일 첫 번째 봉 저점 아래

1.

근거 – 일봉 차트 전고점 이동평균선 P3

매수 타점 – 16일 60분봉 차트 첫 번째 시그널 이후

스탑 – 15일 저점 아래

2.

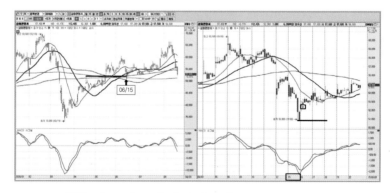

근거 – 일봉 차트 전고점 이동평균선 P3

매수 타점 – 16일 60분봉 차트 첫 번째 시그널 이후

스탑 – 15일 저점 아래

1.

근거 - 일봉 차트 전고점 33 이동평균선 P3
매수 타점 - 9일 60분봉 차트 첫 번째 시그널 이후(8일에 발생한 시그널은 기준가인 33 이동평균선보다 높은 가격이기 때문에 매수 타점이 되지 못한다)
스탑 - 8일 저점 아래

2.

근거 - 일봉 차트 전고점 33 이동평균선 P3
매수 타점 - 12일 기준가 터치 후, 60분봉 차트 첫 번째 시그널
스탑 - 12일 저점 아래

3.

근거 - 일봉 차트 전고점 33 이동평균선 P3
매수 타점 - 22일 60분봉 차트 시그널, 26일 60분봉 차트 첫 번째 봉
스탑 - 22일 저점 아래, 26일 저점 아래

4.

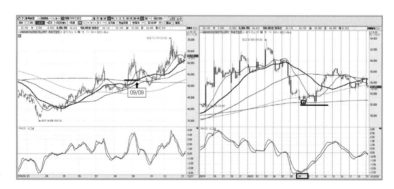

근거 - 일봉 차트 전고점 33 이동평균선 P3
매수 타점 - 9일 60분봉 차트 시그널
스탑 - 9일 저점 아래

1. 기간 / 15, 33, 75 이동평균선 / 15 / 33, 75 / 3

2. ② 철민

〈풀이〉

패턴 1은 이동평균선이 수렴되고 15 이동평균선이 가장 아래에서 33, 75 이동평균선을 골든크로스 내면서 올라가는 것을 말한다. 하지만 이때는 이미 가격이 어느 정도 상승했기 때문에 매수하기 쉽지 않다. 그래서 N자형 매수 타이밍에서 잡는 것이 좋다.

3.

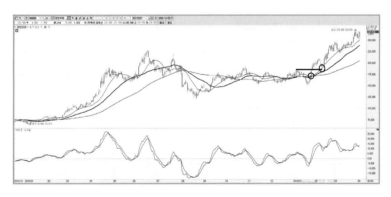

2015년도 초부터 계속해서 상승하던 주가가 몇 번의 가격조정을 거친 후, 9월부터 2016년도 초까지 기간조정을 가졌다. 이때는 15, 33, 75, 3개의 이동평균선이 수렴하는 P1의 형태를 보

였고, 첫 번째 동그라미에서 이동평균선 3개를 한번에 뚫고 올라오면서 15 이동평균선이 가장 아래에서 골든크로스를 내면서 올라온 것은 아니지만 P1이 성공했다. 이후 두 번째 동그라미, 전고점과 N자형 첫 번째 이동평균선이라는 매수 타이밍이 나왔다. 이때는 도지 또한 발생하면서 향후 긍정적인 흐름이 이어질 것이 기대된다.

25강

1.

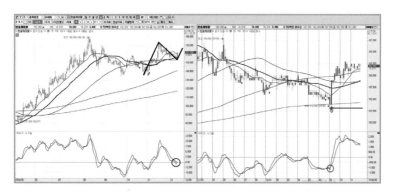

시그널 발생 봉에서 MACD가 시그널선을 골든크로스 했으므로 매수, 스탑은 저점 아래.

2.

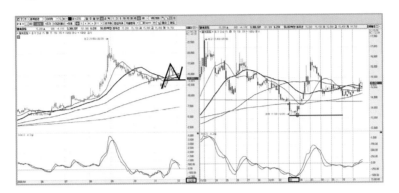

　시그널 발생 봉에서 매수하고 스탑은 저점 아래에 둔다. 일봉 차트 근거는 N자형과 전고점이다.

26강

1.

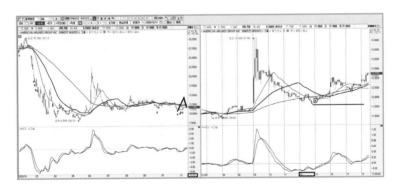

　11월 13일 매수 디버전스가 완성되는 봉에서 매수하고, 스탑을 12일 저점에 둔다.

2.

　10월 28일 60분봉 차트의 매수 디버전스가 완성되고 시그널이 나오는 봉에서 매수하고, 스탑은 28일 저점에 둔다.

3.

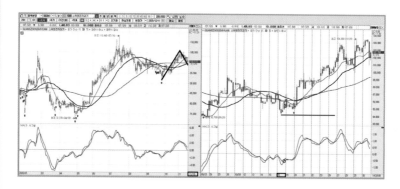

　11월 16일 MACD가 시그널선을 골든크로스 할 때 매수해서 16일 저점 아래에 스탑을 둔다.

4.

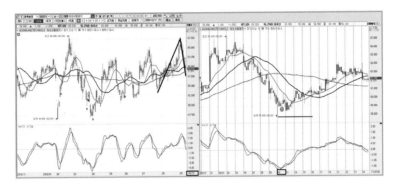

　9월 10일 MACD가 시그널선을 골든크로스 할 때 매수해서 당일 저점 아래에 스탑을 둔다.

27강

1.

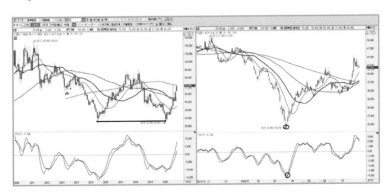

　MACD 골든크로스 나는 시점에서 진입해서 스탑을 저점 아래로 설정한다.

2.

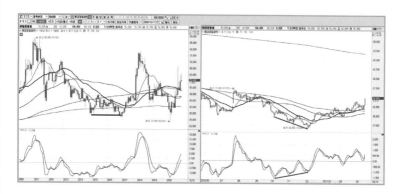

매수 디버전스가 발생할 때 매수해서 스탑은 저점 아래로 설정한다.

28강

1.

일봉 차트에서 10월 초 매수 디버전스 현상을 보이면서 시그널이 발생했을 때 매수하고 최근 저점 아래를 스탑으로 설정한다.

2.

　12월에 일봉 차트에서 300일 평균선과 매수 디버전스를 근거로 진입할 수 있다.

3.

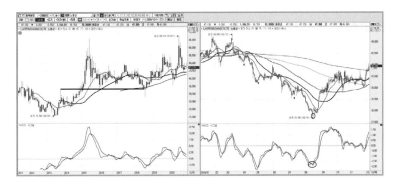

　일봉 차트에서 도지 발생 후 다음 봉에서 진입하고 스탑은 도지의 저가 아래에 설정한다.

4.

도지 발생 이후에 진입해 스탑은 도지의 저가 아래에 설정한다.

29강

1.

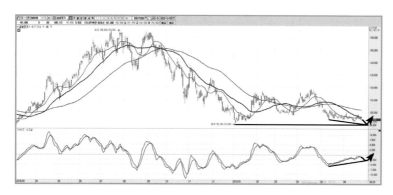

90,100원 이중바닥에 온다면 이중바닥과 매수 디버전스를 근 거로 매수하겠다.

2.

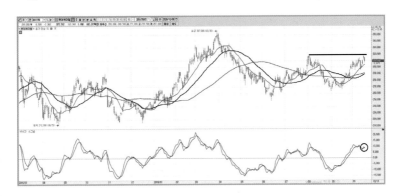

　긍정적인 것은 매수가보다 현재 가격이 올라와 있는 상태라는 것이다. 이미 1차나 2차 익절까지 완료하고 스탑을 매수가나 매수가 위로 올려 리스크가 없는 상태일 가능성이 크다. 하지만 부정적인 요소로는 더블 탑 저항과 MACD 데드크로스가 있다. 따라서 현재 시점에서 남은 포지션을 모두 정리하겠다.

1.

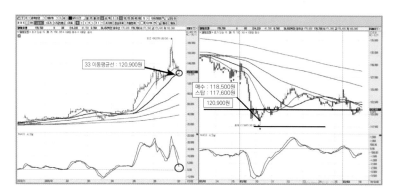

　일봉 차트 33일 이동평균선이 기준가이므로 120,900원을 치고 난 다음부터 매수를 준비한다. MACD가 시그널선을 골든크로스 내면서 시그널이 나는 봉에서 매수하고, 스탑은 이봉의 저점 아래에 1% 이내로 설정한다.

2.

기준가인 375,000원을 친 이후, 저점 369,000원을 만들고 올라가면서 MACD가 시그널선을 골든크로스 냈을 때, 저점 한 틱 아래에 스탑을 두고 진입한다.

31강

1. S-oil(227억 원), 신세계(172억 원), GS리테일(77억 원), 롯데칠성(30억 원)

2. ④ 우섭
① 윤섭 : 가격이 하락할 때 신용융자잔고가 줄어들면 매매하는 방법이다.
② 지섭 : 신용융자잔고액이 약 100억 원 이상 늘어났을 때의 방법이다.
③ 은섭 : 늘어난 신용융자 주수에 기간 내 평균가격을 곱한다.
⑤ 희섭 : 불타기는 절대 하지 않는다.

Notice

이 책은 '매수의 정석' 온라인 강의의 보조교재입니다.

이론 및 주식 투자 방법은 온라인 강의를 통해서 수강하셔야 합니다!

주린이를 위한 한국/미국 주식

매수의 정석

제1판 1쇄 | 2021년 2월 25일
　　　2쇄 | 2021년 3월 30일

지은이 | 장영한, 김성재, 장호철
펴낸이 | 손희식
펴낸곳 | 한국경제신문 *i*
기획제작 | (주)두드림미디어
책임편집 | 배성분　디자인 | 디자인 뜰채 apexmino@hanmail.net

주소 | 서울특별시 중구 청파로 463
기획출판팀 | 02-333-3577
E-mail | dodreamedia@naver.com
등록 | 제 2-315(1967. 5. 15)

ISBN 978-89-475-4689-8 (03320)

주린이를 위한
한국/미국 주식

매수의 정석

How to 고기 잡는 법

한국경제신문i 주식, 선물 도서목록